拉姆·查兰
管理经典

Rethinking Competitive Advantage
New Rules for the Digital Age

重构竞争优势

决胜数字时代的
六大法则

| 典藏版 |

[美] 拉姆·查兰　　格里·韦利根　著
　　（Ram Charan）　　（Geri Willigan）

杨懿梅　陈佳寅　译

机械工业出版社
CHINA MACHINE PRESS

Ram Charan. Rethinking Competitive Advantage: New Rules for the Digital Age.

Copyright © 2021 by Ram Charan.

Charts Copyright © 2021 by David Lindroth Inc.

Simplified Chinese Translation Copyright © 2025 by China Machine Press.

Simplified Chinese translation rights arranged with Ram Charan through Andrew Nurnberg Associates International Ltd. This edition is authorized for sale in the Chinese mainland (excluding Hong Kong SAR, Macao SAR and Taiwan).

No part of this book may be reproduced or transmitted in any form or by any means, electronic or mechanical, including photocopying, recording or any information storage and retrieval system, without permission, in writing, from the publisher.

All rights reserved.

本书中文简体字版由 Ram Charan 通过 Andrew Nurnberg Associates International Ltd. 授权机械工业出版社在中国大陆地区（不包括香港、澳门特别行政区及台湾地区）独家出版发行。未经出版者书面许可，不得以任何方式抄袭、复制或节录本书中的任何部分。

北京市版权局著作权合同登记　图字：01-2022-3930 号。

图书在版编目（CIP）数据

重构竞争优势：决胜数字时代的六大法则：典藏版 /（美）拉姆·查兰 (Ram Charan)，（美）格里·韦利根 (Geri Willigan) 著；杨懿梅，陈佳寅译. -- 北京：机械工业出版社，2025.5. -- （拉姆·查兰管理经典）.

ISBN 978-7-111-77726-7

I. F271.3

中国国家版本馆 CIP 数据核字第 2025262LZ1 号

机械工业出版社（北京市百万庄大街 22 号　邮政编码 100037）

策划编辑：张　楠　　　　　　　　责任编辑：张　楠

责任校对：卢文迪　王小童　景　飞　责任印制：常天培

北京联兴盛业印刷股份有限公司印刷

2025 年 8 月第 1 版第 1 次印刷

147mm×210mm · 6.5 印张 · 2 插页 · 104 千字

标准书号：ISBN 978-7-111-77726-7

定价：79.00 元

电话服务　　　　　　　　　　　网络服务

客服电话：010-88361066　　　机　工　官　网：www.cmpbook.com

　　　　　010-88379833　　　机　工　官　博：weibo.com/cmp1952

　　　　　010-68326294　　　金　　书　　网：www.golden-book.com

封底无防伪标均为盗版　　　机工教育服务网：www.cmpedu.com

决胜数字时代的
六大法则

法则 1　增长驱动
打造个性化用户体验，开创百倍增量市场

法则 2　数字赋能
数字平台成为业务核心，数据算法不可或缺

法则 3　生态构建
生态对垒取代单打独斗，生态系统价值巨大

法则 4　现金创造
盈利模式重在现金毛利，规模助力边际效益递增

法则 5　组织变革
打破层级，打造敏捷组织，独立项目小组加速业务创新

法则 6　自我更新
一把手本人必须持续学习，敢想敢干，引领突破与变革

FOREWORD
推荐序

接到拉姆·查兰博士的新作，我几乎一口气读完。新冠疫情几年，没有机会和他线下相见，很是想念，读这本书好像把我带回到新冠疫情前，与一群企业家朋友在北京向他请教企业数字化转型的火热场景。"我们传统企业太难了！""不数字化是等死，数字化是找死！""干了几十年，现在还要我自学算法？"大家一句句的感慨和困惑，以及随后查兰博士富有经验和智慧的大师点拨，字字珠玑，音犹在耳。

我曾经有幸连续几年和公司高管一起得到查兰博士和他的中国合伙人杨懿梅女士手把手的悉心指导，对于书中提到的六大法则有亲身感受，并深深受益。而对于更多还没有这种机会的企业家、高管以及其他所有对如何赢在数字时代感兴趣的读者，本书尤为有助。

就在本书从写作到出版的这段时间，人工智能方面的突破将数字化浪潮推向了新高，"AI焦虑"明显随处可见：企业的商业模式被颠覆了怎么办？个人的工作岗位被取代了怎么办？孩子的教育被改变了怎么办？虽然这本书的英文版付梓于ChatGPT"出道"并大火之前，但其中的六大法则在AI时代同样成立，尤其是每章中案例的可借鉴性以及策略打法的实操性。

查兰博士已经快85岁了，每天还在学习新知识，体验新技术，始终活跃在科技创新创业的最前沿，让人由衷钦佩。以他为榜样，我们每个人也应做到积极尝试各种数字化技术及应用，不用自己写代码，但一定要去prompt[⊖]一下。遵循书中查兰博士的指导，每位企业家、CEO都要做数字化转型的第一责任人、首席AI官（CAIO）。

从客户需求（特别是那些因为科技创新而带来的新需求）出发，而非从企业过往的核心竞争力（它们中有一些在AI时代已经过时，有的虽未过时但也算不上核心了）出发，充分运用各种数字化工具，形成非线性增长飞轮，将AI焦虑转化为AI红利。

[⊖] 在ChatGPT中，用户可以输入任何问题或者话题，如天气、体育、新闻等。系统将这个输入作为一个"提示"（prompt）输入到GPT模型中进行处理。

我经常重读查兰博士的书，每次读《执行》《领导梯队》等书时都有新体会。他的书既经典永恒，又与时俱进，多有现实案例分享，其中有些企业（例如，软银愿景基金）后来也曾面临挑战，甚至经历至暗时刻，但我想，在百年未有之大变局下，善于学习借鉴，保持批判精神，永不放弃，抓住关键机会放手一搏，才是企业家精神的应有之义。前几日看到孙正义先生总结过往，提出 All in AI（全方位人工智能），以期引领下一波科技创新大潮，甚是期待。

2016 年底，查兰博士在一次与我的午餐交流中聊起他在美国、澳大利亚、印度等多个国家都设有奖项，鼓励当地企业家、管理者分享交流其创造性的、国际引领的管理实践经验，但中国还没有。我一听就说，中国一定要有！于是我和同事们与查兰博士、杨懿梅女士一起设计、推动，邀请《哈佛商业评论》中文版作为主办方。在其卓有成效的运作下，到 2023 年，"拉姆·查兰管理实践奖"马上就七岁了，成为中国管理实践的最高荣誉之一。希望更多的企业家可以从本书中受益，形成你的管理最佳实践，既让你的企业受益，也能积极参与经验分享，丰富中国的管理实践，帮助中国企业家赢在全球数字化、智能化的新时代！

唐宁　宜信公司创始人、CEO

2023 年 7 月

PREFACE
前言

我在工作中会接触到全球企业的领导者，有传统企业的，也有数字企业的。这些领导者都非常好奇，并经常跟我探讨：为什么诸如亚马逊、脸书、谷歌这样的数字巨头能增长得那么快？它们的主导地位还能持续多久？面对它们，其他企业还有胜出的机会吗？

毋庸置疑，这些数字巨头极大地改变了人们的工作与生活状态。人们得以享受更便宜、更便捷、更即时可得的信息、产品和服务。在算法及其他数字技术的加持下，无论个人还是企业，当今时代的用户体验都远超以往。

其实，算法并非什么新发明，它作为数据处理的数学法则已经存在了几百年。但到了强大算力和海量数据的数字时代，在亚马逊的杰夫·贝佐斯、脸书的马克·扎克伯格、谷歌的谢尔盖·布林和拉里·佩奇等创业者的巨大想象力的驾驭下，算法焕发了新生，让成本极低、效率极高的极致个性化用户体验成为可能。他们不仅敢想，敢于打破传统的思维定式，而且敢干，敢于用全新的理念与技术解决各种问题——比如小到买书，亚马逊的宗旨是让客户享受更低的价格、更多的选择及更便捷的服务；大到改变世界，谷歌的使命是整合全球信息，使人人都能访问并从中受益。

这些伟大企业和企业家的成就，大家有目共睹，但他们取得成功的路径、方法却鲜为人知。这种现象促成了我的课题：数字巨头的成功之道究竟是什么？决胜数字时代的全新法则究竟有哪些？

经过五年的研究，我愈加笃定：当今时代不同以往。过去的制胜法宝往往过于强调"企业有什么"，如分销渠道、资产规模、品牌及专利，这些在当今时代虽然依然有用，但已不足以确保企业胜出。

数字时代，真正的竞争优势源于持续为客户创新，持续赢得客户的青睐，与此同时为股东持续创造价值。这里的关键词是持续。

从这个意义来讲，"企业做什么"和"企业有什么"

同样重要，因为"有什么"总是短暂的，而"做什么"才有可能使企业实现长期可持续。企业如何设计客户体验，如何收集使用数据，如何用好生态伙伴，如何选拔领导人才，如何构建敏捷组织，如何设计盈利模式，如何找到适合自己的资金支持，都是竞争优势的核心来源。

这样的业务模式一旦跑通，这样的组织机制一旦形成，根植于其中的竞争优势就会呈现出强大且持久的生命力与战斗力，常常令传统企业望尘莫及、羡慕不已。为什么会这样呢？因为如此生长出来的竞争优势，一有企业文化的滋养，比如追求指数增长、崇尚快速行动是高度一致的理念。二有可积累的持续强化，比如客户越多，数据就越多；数据越多，对客户的洞察就越强；洞察越强，客户满意度就越高，体验就越好，这样企业就会吸引更多客户。三有体系性的有力支撑，比如数据越多，预测就越准；预测越准，成本就越低，体验就越好，于是收入更多，毛利更高，现金创造能力更强，从而有更多资源可投入持续创新，持续提升客户体验，持续赢得客户的青睐，持续推动快速增长。

本书有两个目的：一是深入拆解、探讨数字巨头令人望尘莫及的竞争优势究竟源于何处；二是探索破局，帮助其他企业找到实现数字化转型的路径与方法。通过研究、观察数字巨头，我提炼出了决胜数字时代的六大法则。无论传统企业还是数字企业，要想在数字时代求生存、求发展，都必须遵循它们。对照这六条法则，还可以看到自己的弱点与盲点。比如，有些传统企业在推动数字化转型时，往往只关注数字技术，而容易忽略其他；再比如，有些数字企业在构建科技硬实力时，往往容易忽略组织软实力，即在如何搭建组织、如何提升组织效能等方面考虑得不多。

本书对你有什么用

希望本书能督促还在观望的传统企业快速采取行动。在当今时代，传统竞争优势正在被快速侵蚀，数字化的新优势正在持续强化，企业必须摆脱过去的路径依赖，打破传统的思维定式。要知道，席卷全球的新冠疫情进一步放大了数字企业的竞争优势，因为它们能够更快适应客户行为、工作方式及全球供应链的突发变化，而且它们的盈利模式能持续创造现金，支撑它们更好地渡过难关。

2020年4月，在全球新冠疫情肆虐之际，奈飞（Netflix）首席执行官（CEO）里德·哈斯廷斯（Reed Hastings）[⊖]

[⊖] 2023年1月，哈斯廷斯宣布辞任 CEO，改任执行董事长。——编辑注

在公司官网上发布了致股东的信，重申"奈飞文化旨在为各级组织自主决策赋能"。信中还提到，在美国洛杉矶的员工实施居家隔离的两周内，大部分动画制作人员已经开启了井然有序的居家工作；后期制作团队远程支持了200多个并行项目；编剧的工作也实现了线上协同，基本没受什么大的影响。

对很多企业来说，新冠疫情的冲击是巨大的。但即便没有新冠疫情，空气中也弥漫着焦虑，大家都在想同一个问题：面对数字巨头，其他企业还有机会吗？我的答案非常明确，终局未定，大家都有机会。有些传统企业已占得先机，重新定义了自己决胜数字时代的核心竞争优势，不仅很快超越同行，而且对数字巨头发出了有力的挑战。新冠疫情期间，亚马逊无疑迎来了业绩大涨，但与此同时，沃尔玛的业绩也涨势迅猛，把其他传统连锁零售商远远甩在了身后。如此佳绩，得益于沃尔玛近些年来在数字化转型方面的持续耕耘。

竞争优势的打造绝非一劳永逸之事，企业需要时刻保持警惕，丝毫不能松懈。比如在电商领域，亚马逊仍然占据霸主地位，但对沃尔玛的快速崛起，前者绝不能掉以轻心。再比如在流媒体领域，多年来奈飞似乎已经达到了独孤求败的境界，但随着像亚马逊和苹果这样的数字巨头大举进入，像迪士尼、NBC⊖和华纳这样的传统媒体巨头步步紧逼，人们感到硝烟四起、胜负难料。比如，2020年第一季度，奈飞的全球订阅用户数突破了1.82亿个，但到4月下旬迪士尼+的订阅用户数就突破了5000万个，NBC环球在上线当月就收获了1500万个订阅用户，此外AT&T⊜正在蓄势待发，计划很快推出HBO Max⊜。

随着数字技术的日益普及，算法及其他数字化专业技术的应用成本越来越低；随着资本市场对使用量化指标及数据模型打造数字化盈利模式的日益青睐，资金获取的难度及成本也将越来越低。这意味着会有更多的创新和创意涌现，竞争优势及竞争格局都将处于持续的变化之中。

学习和理解决胜数字时代的六大法则能帮你提升认知，帮你在瞬息万变的复杂环境中找到前进的方向与路径。

本书第一章会帮你剖析，究竟是什么力量让少数几家

⊖ NBC（National Broadcasting Company），美国全国广播公司，总部设于纽约，成立于1926年，是美国历史最久、实力最强的商业广播电视公司。——译者注

⊜ AT&T（American Telephone & Telegraph），美国第二大移动运营商，创建于1885年，曾长期垄断美国长途和本地电话市场。——译者注

⊜ HBO Max是华纳打造的流媒体平台，于2020年5月27日正式上线。平台囊括了HBO所有内容，以及大众喜爱的大量电视连续剧、电影以及其他新的原创作品。——译者注

创业公司在过去 20 年中快速成长，一举成为市值万亿美元的数字巨头；这些企业为什么能改变竞争格局；它们对你的未来又意味着什么。第二章会帮你反思过去曾被奉为经典的思维定式及最佳实践，其中哪些早已不再适用，哪些必须坚决摒弃。

第三章至第八章会为你逐条阐述决胜数字时代的六大法则，并通过具体的实战案例，帮你思考如何立即付诸行动。第九章意在鼓励你大胆前行，因为有些传统企业早已出发，并取得了喜人的成绩。

数字时代崇尚实干。我毕生的使命就是帮助敢想敢干的"实干派"企业家，希望书中的知识与洞见不负使命。

CONTENTS
目录

推荐序

前　言

第一章
数字巨头，凭什么胜出　　　　　　　1

奈飞如何异军突起　　　　　　　　2
传统巨头如何奋起直追　　　　　　6
数字时代已经来临　　　　　　　　9
数字巨头的制胜法宝　　　　　　　11

第二章
决胜数字时代的六大法则　　　　　17

决胜数字时代的六大法则　　　　　19
新旧时代的变与不变　　　　　　　20

打破传统思维定式 22

第三章
法则1　增长驱动
打造个性化用户体验，开创百倍增量市场　33

重塑认知，以最终用户为核心　36
为用户创造极致个性化体验　40
敢于想象，开创百倍增量市场　46
去掉中间环节，赢得更大盈利空间　50
做好准备，迎接更为激烈的市场竞争　51

第四章
法则2　数字赋能
数字平台成为业务核心，数据算法不可或缺　55

算法及数字平台的缘起　56
数字平台无须自建　59
数字平台对业务发展至关重要　62
B2W Digital：数字平台助力转型成功　67
敬畏数据，保护用户隐私与安全　73

第五章
法则3　生态构建
生态对垒取代单打独斗，生态系统价值巨大　79

生态伙伴，互利互惠，共生共荣　80

新势力横空出世，汽车生态大幅重构 83
UST：生态系统与数字平台的完美结合 90
软银：资本主导，合纵连横，构建产业生态 93
苹果：医疗健康宏大生态，正在逐步浮出水面 96
经营生态系统，是数字时代必备的领导力 103

第六章

法则4　现金创造

盈利模式重在现金毛利，规模助力边际效益递增 107

追求长期规模效应，边际效益越来越高 108
推动持续增长，大力投资未来，经营费用有玄机 111
增强自身造血能力，现金毛利是关键抓手 117
对外融资，一定要找懂行的投资人 119

第七章

法则5　组织变革

打破层级，打造敏捷组织，独立项目小组加速业务创新 125

富达投资：传统企业的数字化组织变革 130
数字化组织必须做好人才招募和文化建设 152
同步研讨：激发组织创造力的秘密武器 157

第八章

法则 6　自我更新
一把手本人必须持续学习，敢想敢干，引领突破与变革　　　161

罗伯特·艾格：迪士尼数字化变革的总设计师　　163
数字化领导者有什么特点　　168
数字化领导者会经受什么考验　　172
数字化领导者该如何培养　　175

第九章

学以致用
升级业务，变革组织，重构竞争优势　　　181

第一章

数字巨头，凭什么胜出

2019年2月，第91届奥斯卡金像奖揭晓。在最佳影片奖的激烈角逐中，《罗马》惜败于《绿皮书》。更热闹的是，大导演史蒂文·斯皮尔伯格还炮轰《罗马》及其制作方奈飞公司，说这部影片根本没资格参加评奖。

斯皮尔伯格的一大理由是，参评电影应该满足在剧院上映数月的周期要求，而《罗马》仅放映了三周，奈飞就直接把影片开放给了流媒体用户。在他看来，缩减院线档期不仅剥夺了观众的大银幕沉浸体验，而且将威胁到整个电影放映行业。

其实，在决定入围影片时，奥斯卡金像奖评委会已就此进行过讨论，支持《罗马》入围的评委说："这些规则当初之所以这样制定，是因为没有人能预测到今天（电影可以在流媒体平台上播放）。"

但实际上，奈飞预测到了。早在20年前宽带网络还没普及时，奈飞首席执行官兼联合创始人里德·哈斯廷斯就看到了未来，并且在数字技术的帮助下，让梦想照进现实。

奈飞是近年来大获成功的数字巨头。让我们来好好看看奈飞究竟因何取胜。

奈飞如何异军突起

早在2000年，DVD租赁行业的主流模式还是线下到店租碟时，奈飞就通过邮寄碟片的创新模式，为用户创造了更快捷、更便宜的用户体验，并因此在竞争激烈的市场中占据了一席之地。

不但如此，奈飞还预见到，有朝一日，基于互联网的在线服务还能更快捷、更便宜，能让用户随时随地在线观看电影。2005年《公司》杂志采访哈斯廷斯，尽管当时新技术还不成熟，但他却坚定地说："希望视频在线点播实现的那天,奈飞已经做好准备。"

2007年,宽带网络终于成熟,当年就覆盖了将近一半的美国家庭。当时流媒体赛道上不但有奈飞,也有老玩家YouTube和新秀Hulu(NBC和Comcast共同持股的视频网站)。十几年来,奈飞之所以最终成为流媒体巨头,可归纳为以下四个因素。

业务模式:付费会员,海量观影。对一个喜欢看电影的用户来说,以前一次只能租几张碟片,现在只要按月缴费,便可以尽情观影,这已经是巨大惊喜了,更何况,除了源源不断的新电影,还有海量的经典老片和电视节目可以无限回看(因为奈飞向传统媒体公司购买了相关内容的版权)。取之不尽的视频资源留住了老用户,吸引了新用户,日积月累,驱动着奈飞收入的指数增长。

创新技术:数字支撑,体验为先。程序员出身的哈斯廷斯深知,公司的数字能力最重要的表现就在于稳定传输和算法推荐。因此,奈飞的数字平台不仅要保证传输网络信号稳定,提供流畅的观看体验,而且要同步收集用户观看习惯的数据,训练算法学习和升级。这样,无论内容库有多大,系统都能帮助用户精准找到喜欢的内容。

大力投入：基础建设，毫不吝惜。 早在宽带网络环境成熟之前，奈飞就花巨资构建了流媒体的底层技术，同时高薪招募最优秀的技术人员。在公司一举赢得市场、名扬天下后，它对固定成本的投入更大了。数字平台、网络安全、内容授权、人才招聘——奈飞在这些方面投入的钱，超过了它从用户那里赚到的钱，也超过了早期对流媒体底层技术的投入。这些基础建设的投入与积累最终也助力了奈飞的业绩飙升。

资本支持：耐心等待，长期主义。 上述的巨大投入，必定损害当期盈利，需要得到资本市场的理解（奈飞于2002年上市）。哈斯廷斯说服了股东与投资人要相信公司的长远发展，而不要只盯着眼前的净利润（或每股收益）。要知道对于大多数上市公司，净利润（或每股收益）如果连续几个季度下滑，CEO 的日子可就不好过了。

奈飞在发展初期，主要向传统媒体公司购买内容，虽然很快创造了可观的业绩增长，但奈飞并未被成功冲昏头脑。它很早就预见到这不是长久之计，因为随着流媒体市场的发展，传统媒体公司一定会退出合作，开辟自己的流媒体业务。

为了持续为用户提供新的、好的内容，奈飞从2009

年开始大力投入原创自制剧集。这创造了奈飞公司在发展历史上的决胜经典——网络"神剧"《纸牌屋》。

与传统制作方式不同,《纸牌屋》的故事类型、情节演绎和演员选择,都是根据大数据分析的用户喜好决定的。该剧制作花了4年时间,在此期间,公司管理层及投资人都一致看好,保持了极大的耐心。

2013年,《纸牌屋》横空出世,大获成功,大量用户为了看这部剧,注册奈飞账户并成为付费用户。此剧的大火,还使得大批顶尖影视人才慕名而来,想要加入奈飞,大干一场。

之后,奈飞再接再厉,在原创内容制作上进一步加大投入,仅2019年就花费了150亿美元之多。大力出奇迹,奈飞原创作品的数量越来越多,越来越受用户的喜爱与推崇。

上述四个因素的强力组合和自我强化,不但造就了《纸牌屋》这样的爆品神剧,还贯穿奈飞发展的全过程:奈飞大力投入面向未来的业务,总能用最新的技术为用户提供卓越体验,用户满意就会付费续订,新老用户的会员费带来稳定的现金收入,增强了资本市场的信心,于是更多资金涌入,支撑公司更多面向未来的发展。

传统巨头如何奋起直追

《纸牌屋》开拍10年之后（2019年初），传统媒体公司终于坐不住了。华纳媒体（WarnerMedia）、迪士尼等传统媒体巨头宣布进入流媒体市场，剑指奈飞。连互联网巨头苹果、亚马逊也都开始跑马圈地。

且看当时的一系列新闻。

2019年2月，AT&T收购时代华纳案获得批准。原时代华纳旗下的HBO和特纳广播公司（Turner Broadcasting）的部分业务组合成了华纳媒体，由原NBC娱乐公司负责人罗伯特·格林布拉特（Robert Greenblatt）带领，旨在打造全新的流媒体服务，与那些既能产出原创内容又有分发渠道的数字巨头直接竞争。

2019年3月20日，迪士尼以713亿美元的天价完成了对21世纪福克斯公司的并购，包括全资收购了20世纪福克斯电影公司及其电影和电视工作室，以及其拥有的流媒体平台Hulu30%的股权。这30%的股权，加上迪士尼原来就有的30%的股权，使迪士尼成了Hulu的第一大股东。但迪士尼的野心更大，近几年，迪士尼一边缩减对奈飞的内容授权，一边还在筹备自有的全新流媒体平台"迪士尼+"，无疑即将与奈飞正面交火。

第一章　数字巨头，凭什么胜出

在迪士尼完成对 21 世纪福克斯公司的并购 5 天后，苹果公司（简称"苹果"）宣布将在秋季推出智能电视应用程序 Apple TV+，成为苹果付费会员就可以收看来自 HBO 及 Showtime 等的视频内容。苹果首席执行官蒂姆·库克还透露，苹果正在自制原创内容。有意思的是，他说这话时，身边站的就是一个月前刚抨击过奈飞的大导演斯皮尔伯格。[一]

与此同时，有报道称亚马逊以 10 亿美元的高价获得了《指环王》的电视剧版权。媒体分析师里奇·格林菲尔德（Rich Greenfield）评论道："争夺人们媒体生活控制权的战争已全面打响。传统媒体无论从估值、市值还是现金储备上都不是数字巨头的对手，更何况数字巨头还是后来者，现在才刚刚开始发力。"

在推特[二]上的讨论也很热闹：一个人最多愿意为多少家平台付费？华纳媒体的官僚作风会扼杀 HBO 的创造力

[一] 斯皮尔伯格与流媒体的爱恨纠缠一直在上演。2019 年，不但斯皮尔伯格在发布会站台，其翻拍的经典科幻剧新作《惊异传奇》（*Amazing Stories*）也成为 Apple TV+ 平台的独播资源。然而，2019 年 11 月，包括该部剧在内，Apple TV+ 重磅推出的第一批剧集全部反响平平，无论是在内容储备还是会员增量上，都难以对奈飞造成威胁。到了 2021 年 6 月，斯皮尔伯格的制片公司安培林娱乐与奈飞达成合作协议，未来每年前者都将为后者制作多部电影长片。——译者注

[二] 2023 年 7 月，推特更名为 X。——编辑注

吗？迪士尼的新商业模式会降低在线电影的价格吗？哪些服务会被捆绑销售？当前最受欢迎的奈飞，会继续一骑绝尘吗？

今天的奈飞、亚马逊、苹果，已经成为和迪士尼、华纳媒体一样庞大的娱乐帝国。那么两者之间，有什么异同呢？

先看前期创作。华纳媒体和迪士尼多年来积累了庞大的电影和电视内容库，将它们以流媒体的形式呈现易如反掌；奈飞、亚马逊和苹果作为后起之秀，杀入内容原创赛道，似乎也没什么障碍。但数字巨头的优势在于用户个人体验好，体验背后是大量的数据与精准的算法。正是算法告诉奈飞，想要出品深受用户欢迎的原创内容，应该请哪些演员、编剧和导演。

对于传统媒体公司，最难的就是怎样才能打造像奈飞、亚马逊和苹果那样的数据和算法能力，从而准确理解并预测用户偏好。前者缺的不是内容创作所需的资金，而是支撑内容决策所需的数字技术。如何确保资金投入能够带来利润、用户，并吸引创造性的人才？这是传统媒体公司需要思考的问题。

再看后期发行。一部影片制作完成后，就需要定档期、排片量，做宣传了，宣发费用往往比制作成本还高。传统娱乐巨头一贯是优先影院，之后才考虑电视及流媒体平台。如今，由于受到流媒体平台的巨大冲击，传统渠道带来的收入每况愈下。正因如此，曾经叱咤好莱坞的21世纪福克斯公司干脆把电影电视制作业务（即20世纪福克斯电影公司）整体打包卖给了迪士尼，彻底告别了这个既熟悉又陌生的战场。

数字巨头的玩法则完全不同，通过线上分发轻松实现全球发行，每新增加一个观众，都在摊薄成本，因此只要最初投入内容和技术，后来的边际成本就越来越低。如此巨大的边际效益，吸引着资本市场对流媒体公司一路追捧。

传统媒体巨头，能否构建新的商业模式，将线上线下两种发行渠道进行有机结合？

数字时代已经来临

流媒体只是冰山一角，各领域的传统企业都疲于应战：在零售领域，沃尔玛、梅西百货、百思买的对手是亚马逊；在金融领域，银行、信用卡公司被贝宝（PayPal）、Apple Pay这些数字支付平台频频挑战。从目前形势来看，后者明显占据了上风。

数字巨头也并非高枕无忧。比如电商领域公认的王者亚马逊，在美国有沃尔玛的紧追不舍，在中国有京东这样的劲敌，在南亚有当地最大电商 Flipkart 的有力狙击，在南美有成立于 1999 年的当地老牌电商 B2W 的稳固防守，可谓是危机四伏，丝毫不能松懈。

数字巨头之间也大战正酣。比如亚马逊与微软就在全球云服务市场展开了激烈厮杀，究竟鹿死谁手还未可知。

除了大型电商平台，新创电商也层出不穷。有些传统消费品公司正在借助这些后起之秀，触达用户。比如吉列剃须刀，消费者现在除了在传统超市及便利店里可以买到，在 Dollar Shave Club 这样的网购平台上也能买到。

受到挑战的不只是传统企业，很多在 20 世纪风靡一时的传统经营理论，似乎在数字时代也风光不再。

比如，"专注于自己擅长的事"（stick to your knitting），它告诫企业要紧紧围绕自己的核心竞争力经营，手不要伸得太长。这句话现在来看完全限制了人的想象力。像奈飞、亚马逊、脸书和谷歌这些公司，如果不是敢于想象，预见未来，怎么会有今天的非凡成就。

比如"一步先，步步先"，一步先也许能够迅速做大做强，但巨大的市场空间一定会吸引有能力的后来者。

再比如"一招鲜，吃遍天"，就算能吃遍天，也是暂时的。且不说很快会有对手赶上来，一家无敌的大公司，本来就可能会招来政府监管部门的反垄断调查。

第二章还会就此展开更为深入的分析与论述。

数字巨头的制胜法宝

相比传统企业，数字巨头究竟有什么制胜法宝？前面剖析了奈飞的崛起，下面我们将结合对亚马逊和谷歌等数字巨头的深入研究，系统梳理。

- **业务模式：用户核心，拓展边界**。互联网公司从用户出发，观察用户生活的每一个细节，琢磨如何改善每一次体验，让应用技术落地实现，创造百倍市场空间。不管中间隔着多少环节，它们关注的核心始终都是最终用户。因为它们知道，只要用户满意，公司赢得口碑，业务规模立刻就能上一个量级。比如奈飞就洞察到，人们受够了电影院昂贵的零食和烦人的邻座，也不想被电视台规定什么时间看什么节目，他们更愿意在家里自由选择，随时观看。尤其在手机和上网成本都越来越低的今天，流媒体的市场是无穷大的。

- **数字平台：积累数据，训练算法**。数字平台是互联网公司的立身之本。平台上的一系列算法，每时每刻都在分析数据。在此基础上，平台才可能快速试验新策略，快速调整产品价格，进而以最小的增量成本，让产品触达全球用户。在用户端，基于人工智能和机器学习的算法，数字平台一边不断地学习更多用户的行为和偏好，一边不断地自我纠正，提升个性化程度，使得用户对平台越来越喜爱。

- **生态系统：互助互利，合作共赢**。今天的竞争已不再是两家企业之间的单打独斗，而是双方所在的两个生态系统之间的两军对垒。亚马逊平台上的第三方卖家，优步（Uber）平台上的个体司机，苹果体系中的应用开发者，他们虽不是企业员工，却是生态系统中的重要伙伴，对企业发展贡献卓著。生态系统可以为其中的成员互相引流，交叉获客，共享数据，也可以帮助它们相互弥补能力短板，共创全新盈利模式。想当年，如果没有内容生态的鼎力相助，比如华纳媒体的《老友记》和NBC环球公司出品的《办公室》，就没有奈飞的起步，更没有奈飞的今天。

- **长期主义：投入巨大，回报更大。**前期靠烧钱获得市场，后期坐享网络效应及规模效应，这已经是数字时代的经营铁律。对数字巨头而言，现金流比净利润更重要。这个道理，新一代的投资人都懂，因此他们不会在企业发展早期苛求利润，反而更愿意用耐心换取未来的超高回报。㊀

- **决策机制：拒绝官僚，既快又好。**传统企业停止增长的一个重要原因，就是官僚主义滋生。而数字化企业大多组织扁平、审批极简、信息公开，从而有效杜绝了官僚主义，也使得决策又快又好，执行异常迅速。

- **人才招募：主动承担，做主人翁。**大多数数字巨头崇尚公开透明，员工绩效是公开的，倒逼大家主动担当，难以推诿。想要公司保持创新与敏捷，必须招聘有主人翁精神，能和团队高度互补，始终自觉勤俭节约的优秀人才。因此数字巨头虽然业务规模很大，但管理成本依然保持较低水平。比如亚马逊，管理费用仅占总收入的 1.5% 左右。

㊀ 该观点引自《经济中的收益递增和路径依赖》一书，该书由密歇根大学出版社于 1994 年出版。该书作者是 W. 布莱恩·阿瑟（W. Brian Arthur），他是美国圣塔菲研究所外聘教授、IBM 教员、施乐帕洛阿尔托研究中心（PARC）智能系统实验室客座研究员。

- **创新变革：以身作则，引领变革。** 数字化企业的创新引擎就在于它们的领导者，他们与传统管理者有着不同的基因：懂技术，敢想象，战略上有大局，战术上接地气。数字化助力他们将公司的执行力水平提升到全新的高度。他们对员工勤沟通，敢拍板，给资源，使得组织极为高效敏捷。正是他们以身作则的引领，公司每天都在变化和成长，这是传统公司难以企及的。

总而言之，数字巨头的制胜之道就是：先从用户体验出发，开辟巨大的市场空间，然后快速上规模，积累数据，拓展生态。在盈利模式及财务指标上，它们尤为关注现金流、现金毛利率[⊖]，以及能否实现指数级增长。在经营理念上，它们坚持长期主义，倾向于将更多现金投入未来发展，以推动快速增长，确保持续领先。它们坚持招募有主人翁精神的员工——目标明确，快速行动，全力以赴，持续创新，严格执行，引领未来。

更值得注意的是，这样的制胜模式还能不断迭代，自我强化，形成越来越强大的飞轮效应。

成功企业都认识到，用户永远不会满足，技术更迭

[⊖] 现金毛利率的概念，会在第六章中详细阐述。

也永远不会停下脚步。因此，企业必须持续为永不满足的用户发明创新。

永不满足，永远上进，是人的本性。即使传统企业存在官僚主义，这种本性也不会因某个领导、某个部门或某层组织结构的禁锢而泯灭。但问题是，传统企业欢迎变革吗？员工的灵感会得到鼓励吗？好的创意能多快付诸实践？

传统大公司有的是资源、品牌、客户、人才、历史数据，这都让数字时代的新创企业"羡慕嫉妒恨"。但是，要想赢在未来，这些固有优势还远远不够。传统企业的领导者不光要力挽狂澜，更要奋起直追。

要想赢在数字时代，就必须遵从一套全新法则。学习它、掌握它、驾驭它，是数字时代的必修课。

第二章

决胜数字时代的六大法则

以前看电影只能上影院，或是等电视台播放，如今因为奈飞，不管身在何方，人们都能随时在线观看。奈飞不光无限拓宽了人们的娱乐空间，更颠覆了整个娱乐行业。无独有偶，亚马逊、爱彼迎（Airbnb）、优步、Lyft等数字巨头也在各自的领域里颠覆着传统。

传统企业当然也想乘着数字化的东风扳回一局。有的请来了首席数字官，建立了数据分析部门，聘用了咨询公司指导转型；还有的甚至直接跑到科技产业聚集的地区创办起数字化业务。传统企业的核心业务在数字巨头的挑战下岌岌可危，必须利用一切可以利用的资源，快速推动数字化转型,在不确定中探索未来。

我经常与传统企业的一把手及高管们沟通探讨,深知他们对现状的焦虑与担忧:典型发展趋势如图2-1所示,先是收入增长大幅放缓,然后很快陷入收入、利润双降,股价低迷,资本逃离的困境……再然后,就很可能没有然后了。

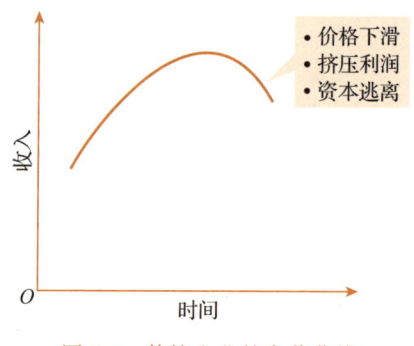

图 2-1 传统企业的衰落曲线

传统企业曾经风光一时,如今却被两面夹击:一面是数字巨头的用户体验与盈利模式,已形成降维打击;另一面是传统对手也在血拼价格,试图杀出一条血路。其实,这样的价格战只是饮鸩止渴,很可能摧毁整个行业。比如,新冠疫情来袭后,本就深陷泥沼的美国三家传统零售大企业,JC Penney、Neiman Marcus 和 J. Crew,均宣布破产。

传统企业要想在数字时代求生存，谋发展，必须首先刷新认知，了解数字时代的全新经营法则究竟是什么，有什么不同。

决胜数字时代的六大法则

- 法则1　**增长驱动**：打造个性化用户体验，开创百倍增量市场
- 法则2　**数字赋能**：数字平台成为业务核心，数据算法不可或缺
- 法则3　**生态构建**：生态对垒取代单打独斗，生态系统价值巨大
- 法则4　**现金创造**：盈利模式重在现金毛利，规模助力边际效益递增
- 法则5　**组织变革**：打破层级，打造敏捷组织，独立项目小组加速业务创新
- 法则6　**自我更新**：一把手本人必须持续学习，敢想敢干，引领突破与变革

这些法则并非早已有之。不少数字巨头的创始人既没有在传统大公司工作过，也没有接受过商学院的科班训练，有些甚至连大学都没读完，比如史蒂夫·乔布斯、比尔·盖茨和马克·扎克伯格。

他们坚信科技的力量，坚信数字技术能够改变人们的生活，于是大胆构想了全新的用户体验及盈利模式，极富创造性地整合了人才资源，把当年的异想天开变成了今天的理所当然。

在这个过程中，他们颠覆了传统的经营方式。在最初探索时，他们只是拥有模糊的直觉。后来得到初步验证，他们就持续加码，不断快速迭代，逐渐形成了一套行之有效，甚至所向披靡的全新策略打法。以上六大经营法则，就是在他们实践基础上的总结。

新旧时代的变与不变

先来看看什么没变。第一，雄心壮志没变。像历史上所有大企业一样，数字巨头也想做大做强，成为业界标杆。第二，经营指标没变。收入、毛利率、净利润、现金流及投资回报率，这些基本经营指标依然非常重要，放之四海而皆准。第三，传统竞争优势依然重要。比如品牌知名度、美誉度，专利技术及前沿技术，再比如在钢铁和汽车这样的资本密集型行业，规模依然至关重要。

然而，在数字时代，很多原有的行业准入门槛已被打破，给了创新企业更多、更大的市场机会。比如，原来要想在快消品行业脱颖而出,就必须有强大的分销网络作为支撑。过去宝洁、金佰利和联合利华这样的老牌厂家,与大型连锁零售企业的关系几乎牢不可破,它们的市场地位几乎不可撼动。但是亚马逊这样的电商平台的出现,改变了这一切。借助直达最终用户的一站式服务,很多新品牌得以破茧而出。

数字时代最大的变化在于"速度"。所有玩家都在上演生死时速,竞争格局瞬息万变。这意味着,无论此前多么成功,稍不留神就可能被新晋对手超越甚至颠覆。

作为传统零售颠覆者的亚马逊,也必须时刻提高警惕。还记得贝佐斯的"Day 1"(第一天)吗?他在致股东的信中写道,"第二天就是停滞不前,接着就会被边缘化,跟着会陷入衰退——令人极为痛苦的衰退,最终就是灭亡。这就是为什么我们永远都在第一天"。他还把自己所在的总部办公楼命名为"Day 1",时刻提醒所有亚马逊人,要与骄傲自满做斗争。

市场竞争早已有之,头部公司一直枕戈待旦,新晋对手也一直虎视眈眈。20世纪几十年的时间里,美国三大汽车公司(通用、福特和克莱斯勒)一直压制着日本车企。但日本车企卧薪尝胆,最终用更先进的管理体系和制造技术反超了美国车企。在数字时代,挑战大厂甚至超越大厂,很可能不需要那么久。

现在,从新想法的产生到实现,通常进展飞快。优步、Spotify[⊖]、Instagram[⊖]都是这样借助互联网和数字技术飞速发展壮大起来的。

有了社交媒体,无论在天涯海角,消费者都能第一时间了解新产品。传统企业及现有大厂的竞争优势可能转瞬即逝,想要保持领先,只有不断为客户创新创造,不断发现新机会,持续推动新增长。

打破传统思维定式

本书将在后面的六章逐一详细拆解数字时代的六大经营法则。在此,你必须颠覆一些过去曾经深信不疑的经营理念和管理思维。只有打破这些"传统的思维定式",你才能真正拥抱全新的数字时代,否则你只会被它们牢牢锁死在过去,裹足不前。

既有的思维牢笼,究竟有哪些呢?

⊖ Spotify:全球最受欢迎的数字音乐平台,2008 年诞生于瑞典斯德哥尔摩。——译者注

⊖ Instagram:基于图片分享的移动社交媒体,2010 年创立于美国硅谷,2012 年被 Facebook 收购。——译者注

执念经典理论

过去几十年,有一大批经典管理理论,曾像灯塔一样指引了几代商业领导者。

比如,20世纪80年代,迈克尔·波特(Michael Porter)的经典著作《竞争战略》和《竞争优势》重新定义了战略,让战略规划成为经营企业的规定动作;90年代,C. K.普拉哈拉德(C. K. Prahalad,现已故)和加里·哈默尔(Gary Hamel)又引入了战略意图和核心竞争力的全新概念,不仅深深影响了企业界,而且影响了学术界。还有麦肯锡、贝恩、波士顿咨询公司这样的顶级咨询公司创造的方法论,也成为经典MBA教材的内容。然而在数字时代,这些理论和方法似乎显得越来越不管用了。

先看波特提出的"五力模型"。该模型通常用于竞争分析,主张企业通过大力投资专利开发、品牌推广、线下分销渠道拓展,设置进入及退出门槛,再辅以清晰的竞争策略,就能在市场上占据一席之地。然而,今天传统零售企业在面对亚马逊、京东这样的电商平台时,却黯然发现自己过去赖以生存的竞争优势似乎失效了。

过去的竞争分析,基于清晰的行业边界,重点分析现有的竞争对手。然而在数字时代，跨界成为常态，行业边界变得越来越模糊。比如优步、Lyft这样的共享出行公司，就对汽车制造业形成了巨大冲击，抢走了本来要买车的客户，汽车行业被重新定义。酒店行业也是如此，有了爱彼迎，游客可以住进普通家庭的空余房间，还可以预订各种各样的非常规旅行项目，比如住树屋、船屋，参加品酒及音乐节等丰富多彩的休闲娱乐活动。

在过去，变化是渐进的、缓慢的。企业制定战略往往要花上几周或几个月，一旦制定好就能解决未来好几年的问题。在当今时代，创新颠覆已成常态，所有企业都要做好"半路随时会杀出个程咬金"的思想准备。也许一瞬间，你精心构想的战略规划就不再适用，必须迅速调整方向，快速改变打法。

再看"核心竞争力"。在数字时代，死守核心竞争力可能会制约企业发展。这是为什么呢？

因为核心竞争力是基于内部视角的，长期聚焦于此，会妨碍外部视角，限制想象力。围绕核心竞争力的战略布局，要么是从现有的细分市场向相关市场延展，比如耐克从做运动鞋到做运动服装，赫兹从做汽车租赁到做卡车租赁；要么是在现有的基础上拓展新用途，比如 WD-40[1]，该产品最初用于防锈，后来推广到更多领域，例如防水手套及清洁高尔夫球杆等。然而再怎么延展、拓展，也没有创造出全新的市场空间。

此外，核心竞争力也有保质期，时代变了，过去的核心竞争力可能就不管用了，需要构建新的核心竞争力。比如，现在是高度发达的信息社会，最终用户拥有极大的话语权和决策权，特别需要企业从最终用户的视角，重构端到端的用户体验。但我却很少看到传统企业真正聚焦于此。

比如，传统零售企业就急需布局线上，建立电商能力。沉睡的雄狮终于被唤醒，沃尔玛在新任掌门人董明伦（Doug McMillon）的领导下，收购了 Jet.com[2]，快速补齐了极度缺乏线上能力这一短板，终于在数字化转型的道路上迈出了一大步，赶上了数字时代这班车。

---

[1] WD-40：一家美国家用化学品制造商，成立于 1953 年，总部位于圣迭戈。在长达 40 多年里，公司仅出售一种多用途产品 WD-40，这是一种保养产品，可充当润滑剂、防锈剂、渗透剂和除湿剂。WD-40 的名字来自产品全称 Water Displacement，40th formula（隔水剂，第 40 次配方）。——译者注

[2] 电商创业公司 Jet.com 成立于 2015 年，总部位于美国新泽西州的霍博肯。2016 年，成立一年多的 Jet.com 销售额就已经超过了 10 亿美元，用户数量更是突破了 400 万个，平均每天有 2.5 万份订单。——译者注

有的传统企业就没这么幸运了。固守传统核心竞争力，让迪士尼、华纳传媒及 21 世纪福克斯这样的传统媒体巨头，长期以来对蓬勃发展的流媒体市场无动于衷。等到最终觉醒时，已被奈飞和 Hulu 甩开了好几条街。面对残酷的现实，21 世纪福克斯选择了离场，把自己的电影资产卖给了迪士尼，也算是一种解脱。

最后看"波士顿矩阵"。这是波士顿咨询公司在 20 世纪 70 年代提出的经典企业产品组合规划模型。该模型将企业产品根据市场占有率和销售增长率的不同阶段，划入四个象限，每个象限分别用"现金牛、明星、瘦狗和问题业务"代表。这使得企业对现有产品组合一目了然，以便对处于不同象限的产品做出不同的发展决策。

与前面提到的理论类似，这一方法论也更适用于外部环境相对比较稳定的情形，在充满变化及不确定性的数字时代，企业很难完全根据这样的矩阵分析，判断业务的取舍及聚焦点。

固守行业边界

过去各行各业泾渭分明，通常会根据产品形态及属性，把企业划归不同的行业，比如航空航天、国防安全或汽车等。资本市场的分析师及投资人也会根据相应的行业分类，进行对标分析，用以判断企业的经营情况和投资价值。在对通用电气这样的多元化企业进行评估时，还会在其各条业务线中分别找相应的对标公司，进行对比分析。站在行业看企业，站在社会看行业，是最近才兴起的企业分析方法。

数字巨头从来不会画地为牢。它们专注用户，不断发掘新需求，不断创造新体验。为了给用户提供更完整的端到端的极致体验，它们会毫不犹豫地跨界经营。比如奈飞在提供娱乐内容的同时，还涉足教育。再比如亚马逊在经营电商平台的同时，还在物流、云计算及广告领域大展宏图。

传统企业一切靠自己，数字巨头到处交朋友。在自己没有能力满足客户需求时，后者会想办法通过外部合作伙伴实现。为此它们开放了技术，搭建了生态。比如2017年，腾讯想让微信也能服务身在欧洲的中国游客，就找荷兰电信和电信巨头企业KPN㊀合作，不到三个月就开发出了专属SIM卡"KPN微信乐游卡"㊁，为中国游客提供服务。

㊀ KPN，荷兰皇家电信集团。——译者注
㊁ 微信乐游卡（WeChat GO）是微信自2016年开始，联合境外运营商推出的电话卡产品，已经覆盖中国香港、欧洲、美国、泰国、马来西亚、新加坡等地区和国家。——译者注

追逐短期业绩

传统企业特别关注短期业绩，尤其是净利润和市场份额。由于主要领导者的绩效考核主要依据当年业绩，即便战略上做三年规划，他们在执行时也只关注当年。有些上市公司CEO因自家公司"本季度表现良好"或"上季度击败了竞争对手"，就表现得沾沾自喜。其实，这些表现都说明他们过度看重短期业绩。

反观奈飞，其CEO哈斯廷斯全身心关注的是平台用户量、用户体验和用户忠诚度。他每天都要监控这些经营指标，出现问题，随时调整。除此之外，他还目光长远，早就预料到其他媒体娱乐公司在电影电视版权到期后很可能不再续约，于是他抢先一步，重金投入原创内容，打造自己的内容帝国。

传统企业面对资本通常采取迎合的态度，迫于投资人的要求——有时是极为短期、缺乏远见的要求，制定相应的经营目标及策略打法。这种为了当期净利润好看而牺牲未来的做法，往往会让企业在日后付出沉重的代价。

数字巨头面对资本的姿态有所不同，它们会秉承长期主义，寻找志同道合的投资人，在长期巨大回报的共识下，大力投资，布局未来。

忽视用户体验

过去的25年，我在七家公司担任董事，因此每年要参与不少战略研讨会。

这样的战略研讨会通常历时两天，在高端酒店或会议中心举行，准备工作艰巨，动不动就有一百多页 PPT。然而会上的研讨内容常常乏善可陈，虽然有历史数据、成就回顾、未来展望、SWOT[⊖]分析，还有下一年的经营业绩指标——有些公司的战略规划还会请咨询公司来做。但总之，投入甚大，收效有限。

因为常规的战略规划忽略了一点，就是缺乏对用户的深度分析与深刻理解。他们是谁？他们为什么选择我们？他们从第一次接触我们，到后来的使用、维修、服务中每一次与我们的互动，是什么样的？我们现在的竞争优势，在未来能否持续？会不会有新的对手闯入，它们的策略打法会对我们产生什么影响？

很多传统的领军企业，深陷数字游戏而不自知。比如，20世纪80年代，可口可乐和百事可乐为了相互竞争，做了无数次市场调研。但结果往往只是各种数据分

⊖ SWOT 是指优势（strength，S）、劣势（weakness，W）、机会（opportunity，O）、威胁（threat，T）。——译者注

析，缺乏真正的深刻洞见与认知迭代。这样的调研结果无法帮助决策者精准定位自己领先在哪里，也无法精确预判消费者可能因为什么而改变偏好。等到变化悄然发生、木已成舟时恐怕为时已晚。

无视个性化需求

20世纪，得益于生产方式从家庭手工作坊转变为规模化工业大生产，人们的生活水平大大提高，各种日用消费品得以进入寻常百姓家。几十年来，市场逐步演化，发展出很多细分市场。比如，当年为了应对风靡一时的福特黑色T型车，通用汽车一口气推出多个系列、多个价位的多种车型，给了消费者更多选择，成功终结了福特在汽车市场的长期称霸，成为各大车企争相模仿的经营策略典范。

数字时代，算法使得为用户创造个性化体验的成本越来越低，消费者的期待也随之越来越高。所有产品与服务，从设计到实施，处处都有算法的用武之地。大规模批量生产的规模效应，能够在工业时代称雄，但现在已经不足为奇。

要想跟数字巨头抗衡，传统企业必须重新思考如何为用户提供个性化产品与服务。

放下过去，才能展望未来。只有打破传统的思维定式，才能真正以空杯心态，学习理解数字时代的全新经营法则。

下面六章，将对决胜数字时代的六大法则逐一阐述，深度解析。

第三章

法则 1　增长驱动

打造个性化用户体验，开创百倍增量市场

纵观商业历史，那些嗅觉敏锐的商业领袖，特别善于捕捉空间巨大、爆发力强的发展机遇。他们敢于创造市场，并能看到未来无限的发展空间。

20世纪70年代，大型计算机成为各家大公司纷纷购置的高级设备，每台动辄耗费数百万美元。那时，比尔·盖茨就已经预想到，未来计算机将成为每位员工和每个家庭的必备品。当时还没有小型个人计算机，他却看到了技术创新能以更低的成本造出更小的半导体芯片，看到了日益强大的算力带来的巨大的市场机会。后来这个行业的飞速发展甚至超过了盖茨的想象——今天，很多人口袋里都揣着一台迷你计算机。

地域界限一直阻碍着传统零售企业业务规模的扩展，因为每增加一个区域的覆盖，就是一大笔资金和精力的投入。而现在，互联网打破了地域界限，全球72亿人几乎都可以成为亚马逊、京东、B2W等电商平台的客户。连传统零售企业沃尔玛也积极转型，走向线上。不过，沃尔玛与数字巨头亚马逊的差距，在时间上可见一斑——沃尔玛积累了50多年，市值才达到4000亿美元，[一]而亚马逊用短短20多年的时间就实现了市值破万亿美元。[二]2020年亚马逊年收入高达3861亿美元，相比2019年增长了38%。

数字巨头敢于想象，放眼全局，远远超越了传统企业前辈，其中的关键点在于，前者始终聚焦最终用户。这就要求它们深入洞察用户行为，琢磨如何用数字技术改进每一个体验细节。它们非常清楚用户为什么选择自己，自己又该为用户创造什么样的用户体验。

是用户，左右着它们的每一个决策。在决策时，它

[一] 沃尔玛成立于1962年，2021年8月18日的市值为4418亿美元。——译者注

[二] 亚马逊成立于1995年，于2018年9月4日突破万亿美元市值；2021年8月18日其市值为1.58万亿美元。——译者注

们思考的起点是：用户将如何从中受益？它们为了用户不懈努力，不断重塑，把想象中的极致体验变成现实。满意的用户口口相传，新的市场空间随之打开。它们改变了用户行为，并与用户的"永不满足"共同成长。

举个例子，十多年前，亚马逊在美国推出了"固定年费＋两天内免费送货"的服务承诺。当时内部争论激烈，贝佐斯力排众议，认为虽然短期亏损巨大，但放眼长远，随着公司强大的运营能力以及数据算法能力的持续提升，这必然会成长为赚钱的生意。

事实证明，贝佐斯是对的。在数字技术的助力下，全新配送中心的运转极为高效，亚马逊已然成为物流领域的巨无霸，订单配送成本已降至原来的十分之一。⊖

在亚马逊等数字巨头的引领下，所有用户都期待更快、更方便的体验。市场已经被重新定义，用户期待的不断升级倒逼传统企业必须做出改变。比如传统车企面对优步、Lyft强有力的冲击，不得不进行调整，退出某些地区市场，降低产量，将业务重点从生产制造转移到出行服务。

比起"我们必将战胜某某对手""我们的目标是年收

⊖ 数据来源：亚马逊前高管访谈。

入2000亿美元"之类的业绩口号，用新的创意满足用户需求，辅以精细管理和路径追踪，实际效果要好很多。

数字巨头最强大的基因，在于它们放飞思维，敢想今天尚不存在的事，描绘人类生活的未来蓝图。它们所做的一切，都来源于发现今天的糟糕体验，探索如何能让这些在细节上变得更好——更便宜、更快捷、更方便、更轻松。它们的触角遍及金融理财、搜索引擎、社交媒体、购物娱乐、休闲旅行……没有做不到，只有想不到。

这些公司的领导者不受自身能力边界的束缚，哪怕公司的核心能力已经非常成熟，他们也不会画地为牢。只要用户想要新的体验，他们就愿意打破默认的行业边界，跳出约定俗成的市场空间，为了实现他们的愿景跨界联手。

重塑认知，以最终用户为核心

在传统的行业价值链[一]理论中，大多数商品制造商只要和零售商建立牢固的合作关系，就能保证长期的生意

[一] 价值链（Value Chain）是由哈佛商学院教授迈克尔·波特于1985年提出的概念。他认为："每一家企业都是在设计、生产、销售、发送和辅助其产品的过程中进行种种活动的集合体。所有这些活动可以用一个价值链来表明。"——译者注

兴隆。

比如，一家冰箱制造厂制造出冰箱，只管卖给零售商（比如百思买、P. C. Richard[一]等），消费者进店后如何挑选购买就是零售商的事了。制造商不直接与最终用户接触，因此对于它们而言，零售商才是它们的直接客户，只要了解与满足了零售商的需求、维护好与零售商的客户关系就够了。

在数字时代，这种认知必须彻底改变。本章在部分表述中刻意用"消费者"和"最终用户"代替笼统的"客户"概念，就是希望每家企业都意识到它们的最终用户是一个个活生生的人，最终是他们在购买自己生产的产品，使用自己提供的服务。也就是说，即使是所谓的 To B 企业（直接客户为企业），也必须像 To C 企业（直接客户为消费者）那样，学会吸引最终用户。

以微软为例。一直以来，微软都是一家 To B 企业，它的直接客户是计算机制造厂商。在新任掌门人萨提亚·纳德拉（Satya Nadella）的带领下，微软改变了认知：尽管业务上仍然是把软件卖给企业，但它现在更关注最终用户。微软的产品每天都在被无数人使用，所以微软

[一] P. C. Richard 是美国一家历史悠久的家族企业，主营连锁家电卖场，创立于 1909 年。——译者注

要把自己看成一家直接服务消费者的 To C 企业。

基于这样的认知转变，微软销售团队担负起了"客户成功"的任务，他们要收集用户反馈，积极挖掘新需求和新方法，提高最终用户的工作效率。就这样，微软的理念从"我们对软件无所不知"转变为"我们必须对用户无所不知"。

由此，微软重启了自己的快速增长。随着台式机逐渐被市场淘汰，微软产品也开始大力向移动端转型，包括移动设备、连通能力、远程协作、可视化等。此外，它押注了三项新技术（人工智能、混合现实和量子计算），开发了一系列可供客户租用或订阅的工具，服务于初创企业。面向最终用户的观念转变，也扭转了微软长期的增长颓势，微软的经营驶入了快车道。

可惜，大部分 To B 企业都不太研究最终用户。但这是条必经之路，不走就置企业于险境，走了才有无穷的机会。不做用户调研的结果往往是，用户的不满日积月累，总有一天会爆发。建议这些企业高层充分利用社交媒体等渠道，多多听取最终用户的意见与建议，因为这些用户才是推动企业长期快速增长的动力源泉。

有些企业家最关注的不是用户，而是对手。目前盛行的行业分析也大多从竞争对手分析出发，在一定程度上强化了这些企业家的观念。他们通常紧盯市场份额，围绕成本结构、品牌知名度、分销渠道以及行业头部企业的定价能力，进行分析和决策。虽然他们也全身心地投入改良产品与服务，然而是以产品为中心，依赖营销手段和广告宣传来刺激消费者，而不是基于捕捉到的消费者真正自发的需求。

如图 3-1 所示，原来"只看价值链下一环"的老观念，要转变为"聚焦最终用户"。

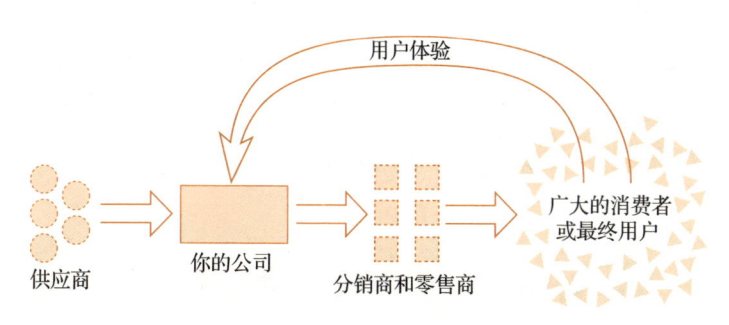

图 3-1 从最终用户，反推你的决策

数字巨头则长期关注最终用户的完整体验，并以此为目标，反推工作流程。亚马逊的贝佐斯就会本能地从用户角度看待一切事物。在这点上他甚至有点强迫症，所有改进，都是从此出发。

举个例子，在亚马逊提出任何创新计划，都必须从"六页纸叙述文"开始。这六页纸要解释用户将从中获得什么。项目团队还要起草一份新闻稿和一串常见问题的解答，这迫使他们在启动之前，就从用户角度考虑：到底解决了什么问题？用户如何从中受益？所需投入和预期产出的定量指标，都在这之后才会制定。

以用户为中心的原则，不但是亚马逊这样的电商平台所推崇的，也是所有数字巨头，包括Alphabet（谷歌的母公司）、脸书、奈飞、推特等所推崇的。驱动这些巨头发展的不是竞争对手，也不是它们自己的核心竞争力，而是用户体验。它们坚信：只有为了用户体验发起的竞争，才有价值。至于对手，它们并不那么在意。贝佐斯就说过："在竞争对手与客户之间，我们总是痴迷于客户。"

为用户创造极致个性化体验

随着科技发展，服务用户的新方式层出不穷，你会越来越理解，用户为何如此值得痴迷。用户数据是海量的（Facebook在全球有23亿用户之多！），这些数据反过来又能被用来更好地服务用户。我管这个概念叫"M = 1"，M就是一个细分市场（market），每个市场内只有唯一的一个客户。

"M=1"是个性化的终极目标。它奠定了本章所述的竞争优势的坚实基础,从而为客户和股东创造了巨大的价值。

早在20世纪90年代,贝佐斯就曾预测有一天自己的公司能根据个人喜好,为每位用户呈现专属的网站页面。今天,购物网站的个性化推荐已经非常普遍,影视平台的个性化电影推荐也不再稀奇,当年为之惊艳的用户,很快就习以为常,又开始想要更好的服务。

曾经高不可攀的个性化定制,如今因为数字化,成本可以低到和批量生产相等甚至更低的程度。这时再让消费者选择,个性化定制无疑更吸引人。

星巴克早就以"可定制17万款饮品"的个性化产品著称。在数据、传感器、云计算和人工智能的加持下,今天的星巴克与客户的互动非常个性化。它的"忠实客户名单"上有1890万人,每个人都会收到专属的消息。比如"这是我们专门为你定制的新菜单,尝尝吧!";或者"旧金山今天大雾,来一杯南瓜拿铁吧!"。

该个性化互动项目是星巴克与波士顿咨询公司合作完成的。星巴克首席战略官马特·瑞安(Matt Ryan)对咨询团队的小伙伴们说:"以前,我们向客户群发的电子邮件千篇一律，比如'花生酱又打折啦！'。现在，我们推送的信息更有针对性，大大提高了与客户的沟通效率和实际效果。我们发信息不是漫无目的的，而是要触发与客户的下一步互动。"

技术固然重要，但技术服务的终极对象是每位活生生的客户。正如星巴克执行副总裁兼首席技术官格里·马丁–弗里金格（Gerri Martin-Flickinger）所说："我们在技术上做的一切，都是为了与客户更好地联结。一个人、一杯咖啡、一个社区之间发生的事，其实都是人与人的联结。"

当然，更低的成本依然是王道。对传统企业而言，沃尔玛几十年来最重要的战略之一就是提高效率、降低成本，提供连低收入客群都能负担得起的商品。为此创始人山姆·沃尔顿⊖本人一直不遗余力，这也是公司对社会的一大贡献。

如今，数字技术和互联网已经使"低成本＋个性化"成为每个消费者要求的标配。在这种情况下，曾经因为物美价廉而占有巨大市场份额的传统企业，反而"抓瞎"

⊖ 山姆·沃尔顿（1918年3月29日—1992年4月5日），1985年成为美国首富，1992年获美国前总统老布什颁赠自由奖章，同年逝世，享年74岁。——译者注

了。对它们而言，最难的是如何满足数字时代用户的要求：既要足够个性化，又要对大部分人有吸引力，还要适合不同的国家与文化。

要做到既个性化又吸引大众，首先要设身处地感受每位用户的实际体验。如果你主要从事生产或财务等工作，从没直接面对过最终用户，刚一开始可能很难，但只要从普通人的生活场景出发，工作、旅行、社交、购物、求医……通过观察、分析、思考，再结合自身经验，就不难理解与深挖。比如，你自己买车或度假时，与商家的触点有哪些？其中有什么槽点、什么痛点？

用户从第一次接触一个新的理念或需求，到购买行为发生，中间经历的每一个交互和决策步骤都应被分解研究——这就是"用户旅程"。如今这已是一种常用方法，有公司组建了专门团队，负责用户旅程的更新和改进。富达投资⊖（Fidelity）的个人投资部门就投入了大量时间和精力来绘制三种主要类型的用户画像，为其设计用户旅程，并制定相应的重要决策。

⊖ 美国富达投资集团成立于1946年，如今已经由纯粹的共同基金公司发展成为多元化的金融服务公司，向客户提供包括基金管理、信托以及全球经纪服务在内的全面服务。它是第一家推出"货币市场共同基金账户"的基金管理公司。总部设在美国波士顿。——译者注

要想为用户创造极致体验，无论有多少数据和方法（包括用户旅程），都不能取代亲临现场，近距离观察用户。连小卖部老板都知道，观察用户、听取意见，是帮助自己决定商品定价和货架陈列的重要依据。在数字时代，会观察用户，并从中发现洞察、提升认知的能力，对企业长远发展依然至关重要。

每个领导者和员工都应主动创造机会观察消费者，反思用户行为与用户体验：他们为什么会做出这些行为？他们对什么不满？他们的需求可能会发生什么变化？有什么需求被忽视了？每个简单问题背后，都藏着深刻的洞察。

我发现，那些善于捕捉别人忽略的细节的敏锐领导者，都执着于为用户创造更好的体验。他们能发现用户自己都尚未发现的需求，比如苹果的创始人乔布斯便是典型代表。

在过去50年中，我服务过的客户遍及全球各行各业，其中不乏观察力敏锐的企业家及高管。我经常与他们见面开会，甚至受邀去其家中做客，对他们的兴趣点、知识技能及判断事物的优先级非常了解。我发现，有些人对最终用户的理解与认知还存在巨大的空白。

当然其中也有用户洞察的大师，比如日本迅销集团

CEO柳井正。该集团旗下拥有优衣库、Theory等全球知名服装品牌。柳井正不但自己精于此道，还高度重视相关组织能力的培养，让用户洞察成为日常习惯和企业文化。为了推动数字化转型，他在全球亲自挑选了一批对用户洞察有感的年轻高潜人才，让他们以"人类学家"的视角，深入观察用户、分析用户，并相互分享探讨。正是这些年轻人的深刻洞见，为优衣库数字化转型提供了重要的决策依据。

另一位大师基肖尔·比亚尼（Kishore Biyani），是印度头部零售商未来集团（Future Group）的创始人兼CEO。该集团旗下拥有Big Bazaar（有"印度沃尔玛"之称的大型连锁超市），以及Pantaloons（印度最大的服装连锁店）。尽管坐拥零售帝国，但比亚尼依然坚持亲自观察消费者。他对我说："我每周巡店两次。每当需要了解客户时，我都会去店里看看人们往购物篮里放了什么。"

当他注意到农村女孩开始穿牛仔裤去寺庙时，便敏锐地意识到社会变革即将到来。为什么呢？因为首先这表明当地女性得到了更多的尊重，还可能有了一定的消费自主权；其次，这说明西方服装正在当地流行。这种敏锐的观察力也被比亚尼应用到了数字时代，发挥着比以往更重要的作用。

当你考虑如何改善甚至颠覆用户体验时，不用一开始就想着从全公司下手。因为如果站在全公司的角度，容易从现有的基础出发，这会给奔腾的想象力套上无形的牢笼。核心竞争力就是这样一个牢笼。

在过去近40年，绝大多数公司都信奉核心竞争力，但核心竞争力是从过去找答案，而不是放眼未来。数字巨头已经证明，在瞬息万变的世界中，过去没有那么重要。对传统企业而言，看到自己的核心竞争力与用户不断变化的需求和偏好渐行渐远时，确实会很纠结。与此同时，你的数字对手正是应用户需求而崛起的，它们相信，数字技术可以完成以前想不到、做不到的事情。而你的公司，虽然尚不具备满足用户需求所必备的技术实力，但至少应该认识到这是个机会，至少应该激发起建立所需能力的决心。

未来已来，你所处的行业及其上下游价值链一定会被颠覆、被重构。要想生存，就必须做出改变。

敢于想象，开创百倍增量市场

传统企业的领导者大多不敢大胆想象。他们的想象力，往往还停留在存量市场上，这远远不够。

你得有好奇心，能提出好问题，并用敏锐的观察力与奔腾的想象力，结合业务常识和算法技术，找到答案。创造百倍增量市场，除了想象力，还需很多不同的知识技能。这些能力未必非得集成于某位大拿，集思广益，群智涌现也是很好的路径。比如，宝洁公司前CEO雷富礼（A. G. Lafley）就曾说过"每个人都有好点子"。再比如，著名咨询公司麦肯锡就开展了"黑客马拉松"，发动全员参与，积极提出大胆创意。

想要创造百倍增量市场，还必须理解消费者心理学，用技术满足他们的需求，借助大数据赋予其个性化体验，并不断提升迭代，迅速扩大到全球，压低新增用户成本。这些因素整合在一起，最终将为公司带来大量现金流。

创造新市场的一种方法，是将现有产品重新整合。哪些是用户想要的体验，需要在哪些点上做到无缝连接？公司是否可以创建全新生态，满足用户不断涌现的新需求和不断升级的新期待？

说到整合，投行人士深谙此道。他们擅长垂直整合，也就是连接或切断价值链的不同环节进行重组；对平行整合，也就是并购，他们也很拿手，从这些操作中赚得盆满钵满。他们通常是降低成本结构，或控制价值链中利润最高的环节，达到整合目标。这种做法非常需要洞察力，只是本质上依然是对已经存在的事物进行重组。

创造新市场的另一种做法，是发掘用户的潜在需求，创造此前并不存在的新市场。数字企业往往投注于此，虽然难，但更令人兴奋。

截至本书成稿时，苹果已经卖出了 19 亿部手机，实际用户量比这个数字还多。截至 2020 年 1 月，奈飞在全球拥有 1.67 亿名注册用户，实际用户人数更多。在印度，现在约有 5 亿手机用户，当地服务提供商 Jio 已经把手机成本降到极低的水平，在手机平台上风风火火地开展电子商务。之所以如此激进地大规模投入市场拓展，就是因为这些公司认为，巨大的用户量会推动毛利的指数增长，到一定阶段自然会带来净利润。扭亏为盈的节点迟早会到来。

在一个新市场中，提供什么样的体验，部分取决于新市场规模有多大。互联网消解了地理、文化和政治边界，科技让每一个新增消费者的体验成本接近于零。只要转动起来，业务就像一个飞轮源源不断地产生现金，而现金又可以用于进一步扩大市场。

要想激发想象力，就必须拓宽视野，提升格局。比如，亚马逊2017年的年收入已高达1779亿美元。规模至此，还有增长空间吗？看上去似乎很难，然而只要放眼全球，就能看到更为广阔的天地。全球社会零售市场规模为25万亿美元，2017年线上占比仅为10%，即2.5万亿美元。鉴于线上占比还会持续提升，全球社会零售市场的总体规模还会增长，亚马逊只不过才刚起步。

Adobe、奈飞、微软等其他数字巨头，也有亚马逊那样的远见卓识。随着这些巨头之间竞争的加剧，首先被挤出局的肯定是那些动作慢、没野心，也没有主动出击意识的传统玩家。

在当今时代，单打独斗难以制胜。要想创造百倍增量市场，企业家及高管需要与内部团队和外部专家一起积极研讨。建议组成项目小组，其中必须要有懂用户、懂算法的人，还要有能带来全新视角的年轻人。该小组不妨从研究未来十年新趋势开始，看看确定性相对较高的人口结构变化，再看看不确定性较高的技术发展趋势。虽然不确定性高，但从科技、算力和创新的总体方向来看，还是有迹可循的。比如，随着人工智能的进一步发展和应用，医学和材料科学等领域必将日新月异。

去掉中间环节，赢得更大盈利空间

如前文所述，无论你处于行业价值链中的哪个位置，关注最终用户都至关重要，这里既有公司发展的巨大机会，也有颠覆对手的潜在可能。如果能去掉中间环节，直接触达最终用户，就能赢得更大盈利空间，颠覆原有行业结构。如图 3-2 所示，可以看到触达最终用户的传统路径：中间环节众多，一路加价过去。

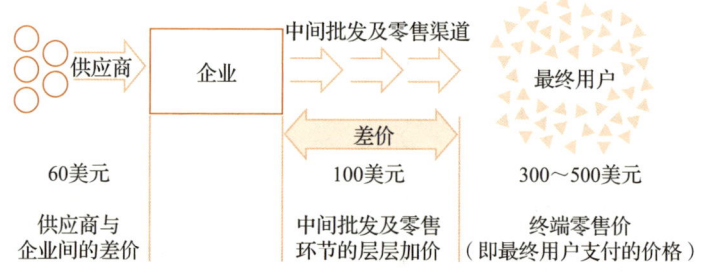

图 3-2　产品到消费者手上之前的一路加价

举例而言，假设出版商出版一本书的成本是 7 美元，在实体书店巴诺书店（Barnes & Noble）的终端零售价为 30 美元，那么这中间 23 美元的差价，就是中间环节的加价。贝佐斯正是捕捉到了这样巨大的市场机会及盈利空间，创立了亚马逊。亚马逊让消费者轻松地在线购买图书，它直接配送到家，去掉批发商和零售商等层层中间环节，节省了大量的中间环节成本。

从 20 年前亚马逊向传统书商发起挑战开始，各行各业的数字企业都在去掉中间环节、大幅节约成本上做足了文章，为最终用户创造了更低的价格、更多的选择和更大的便利。今天，我们看到很多垂直领域的创新企业，正在以类似的路径和方法为最终用户创造更好的体验，比如 Casper 床垫、Away 旅行箱、Harry's 剃须刀以及 Bombas 袜子等。

做好准备，迎接更为激烈的市场竞争

更大的市场及盈利空间，自然会吸引更多玩家，也必然会引发更为激烈的市场竞争。这样的竞争对单个企业来说，无疑压力巨大，但对整个增量市场来说，则更多是利好的。

过去能够创造新市场的企业，往往能独领风骚多年，之后才会有大量竞争对手涌入，把蓝海变成红海，甚至死海。但在数字时代，从一枝独秀到群雄争霸的时间被极大地压缩了，任何企业都不能掉以轻心，妄图一劳永逸。

比如流媒体，此前奈飞的一骑绝尘，已经很快演化成了巨头搏杀。迪士尼有主题公园、图书、玩具、数字游戏和应用程序，是"迪士尼＋"的完美补充；华纳媒体有经典的电影制片公司和 HBO 频道；苹果的设备和软件大受追捧；奈飞则以原创内容著称。

用户到底更喜欢谁，最终究竟谁能胜出？谁也无法断言。但有一点是确定的，就是整个流媒体市场的整体增长。比如，自迪士尼推出"迪士尼＋"以来，其他流媒体平台也收获了更多的用户量和使用量。

在电商领域，就连巨头亚马逊都无法高枕无忧。像沃尔玛这样的传统连锁零售企业，利用其线下门店的优势，打通了线上线下；像 Casper 床垫、Away 旅行箱、Harry's 剃须刀这样的创新垂直电商，有的开设了线下直营门店，有的铺货到了传统线下零售店，方便消费者亲身体验。这就不难理解为什么这些年亚马逊也开始大举布局线下零售了。

除了业务模式上受到的冲击，亚马逊在全球市场（比如印度），也遭遇了强有力的阻击。

印度手机普及率正在快速提升，线上购物体验越来越好，电商市场无疑也在快速增长。印度电商市场正呈现出"三足鼎立"的态势：亚马逊、沃尔玛控股的 Flipkart，以及背靠印度本土巨头信实集团（Reliance Industries）的 JioMart。

为了占得先机，各家都使出了浑身解数。亚马逊意识到大部分新增用户都是小镇青年，但远离中心城市的小镇，网络覆盖并不好，于是它在印度全境设立了1.5万个热点，方便当地民众访问亚马逊网站。此外，亚马逊根据当地手机的用电情况，推出了省电版app；还根据不同语言的使用人数，为人数最多的印度语用户单独开发了一个app。

Flipkart是由两位亚马逊前员工于2007年创立的。该公司已经成功吸引了多轮融资——包括软银愿景基金的25亿美元，逐步发展成为印度最大的电商平台。沃尔玛新任掌门人董明伦认为，收购是进入新市场的最快方式，于是以160亿美元的天价，收购了该公司77%的股权。为了集中兵力赢得印度市场，沃尔玛毅然退出了巴西和英国市场。㊀

神仙打架，凡人遭殃。亚马逊与Flipkart之间的高举高打，低价搏杀，对本土小商家冲击极大，引起了本土小商家的强烈不满。迫于压力，印度政府推出了一系列

㊀ 2018年6月，沃尔玛出售了巴西业务的80%。2020年10月，沃尔玛出售其拥有的英国杂货连锁店Asda Group；11月，沃尔玛又官宣出售其在阿根廷的零售业务。随后，11月16日，沃尔玛宣布将其在日本西友超市的大部分股份出售给投资公司KKR和日本电商乐天，几乎等于退出了日本市场。——译者注

举措，限制外资公司在印度的业务规模，也不允许它们为客户提供个性化折扣和独家优惠。

新政一出，本土电商 JioMart 渔翁得利。JioMart 另辟蹊径，与遍布全印度的夫妻店及小卖部合作，构建独具特色的强大线上线下销售网络。

如此激烈的竞争之下，究竟鹿死谁手？真是不确定性很强。唯一确定的是，印度电商市场的超快速发展，已使其收入从 2017 年的 390 亿美元跃升至 2020 年的 1200 亿美元，年复合增长率为 45%，傲视全球。

第四章

法则 2　数字赋能

数字平台成为业务核心，数据算法不可或缺

一家企业，既要为最终用户创造极致个性化的体验，又要在最大程度上扩大用户规模，唯一的解决方案就是将数字平台作为业务发展的核心，充分借助数据与算法的力量。

所有数字巨头的业务核心都集成于数字平台，平台整合了各种算法，时刻在收集和处理数据。罗马不是一天建成的，强大的数字平台不是一蹴而就的，而是从简单开始，通过持续升级，不断优化迭代，逐步发展而来的。

数字平台融合了生态，汇总了数据，为最终用户定

制专属的个性化体验。它能创造全新盈利模式,洞察用户行为特征,捕捉各种经营方面的不利因素,进行业绩预测与管理。在数字时代,拥有数字平台未必长盛不衰,但没有数字平台必将失败无疑。

算法及数字平台的缘起

数字平台是一系列收集和分析数据的算法组合。每种算法都是解决问题的特定流程,通过编写成软件自动执行任务,就像我们的大脑一样。

在没有算法的年代,人类存储数据、利用数据进行决策和预测的方式很原始。我出生在印度,家里是开鞋店的,从小耳濡目染,知道经营鞋店最要紧的就是预测未来市场需求。印度分四个季节,最不好预测的是雨季。如果雨季恰逢节日,尤其是大家扎堆办婚礼的时候,人们就会大量买新鞋子。据此,需要理性思考,精准预判这期间进货的数量、尺寸和颜色。进得太多卖不完,放在店里很容易受潮发霉,而且库存过多也会让现金流捉襟见肘。要知道,当时借钱的利率可是高达24%。

当时没有广播和报纸,更不用说电脑了,我们只能隔三岔五骑自行车去六公里外的其他村子,向农民打听庄稼的生长状况，来推测雨季什么时候开始，持续多久。我们靠自己的大脑，调用历史数据，基于多种因素的发生概率进行预测。我和兄弟们还会比赛，看谁预测得准。日积月累，我们也记住了更多的数据，预测得越来越准确。

在这个过程中，我们无意中活用了贝叶斯定理。这是托马斯·贝叶斯（Thomas Bayes）牧师在1763年提出的数学原理[一]，如今被大多数字平台应用。如果你从过去的数据中得知某一事件的概率，又有足够的新信息参考，运用贝叶斯定理便可以预测该事件在未来发生的概率。盖洛普每次民意测验中的数学模型，都用到了贝叶斯定理。

而今天的算法，不仅仅是预设好的机械化流程。有些算法能模拟人类的复杂思维，比如快速识别书面文字和图像，并据此进行比较和推理，再做出不同的响应。这样的算法已属于人工智能的范畴。机器学习是人工智能的子集，指的是机器通过不断执行任务的经验积累，来提高自身输出准确率的一类算法。这些算法多用于语音识别和在线欺诈检测等方面。

算法其实没那么神秘。企业家不需要去发明算法，只需要知道它是什么，能做什么，就可以了。学习这方

[一] 托马斯·贝叶斯生于1702年，逝世于1761年，贝叶斯定理是他去世后由朋友整理发表的。——编辑注

面知识将为他们打开视野，帮助他们革新理念，让他们知道过去想都不敢想的事如今已经可以做到。

以谷歌为例，20世纪90年代后期，谷歌联合创始人拉里·佩奇和谢尔盖·布林开发了页面排序算法（PageRank）。正如其名，该算法极大地优化了谷歌的搜索引擎。此前的互联网搜索，结果页面的排列顺序都是根据关键词出现的次数而不是内容场景决定的。页面排序算法根据该搜索条目与其他页面的链接，以及这些链接页面的质量或"权威性"，对结果进行排序。用了这个算法后，呈现的结果比以往更准确，这奠定了谷歌搜索日后的巨大成功。

不断组合和完善算法，日积月累，就可以帮助公司建立竞争优势。谷歌对算法始终精益求精，平时小改不断，间或大刀阔斧地修改。根据谷歌网站的数据，2018年谷歌搜索就进行了3234项改进。在2019年10月，它宣布了一种新算法，据说有望进一步优化十分之一的搜索结果。《华尔街日报》报道说，谷歌"利用先进的机器学习和数学建模，可以更好地解决复杂的搜索查询，并解决当前算法结果普遍存在的含混不清问题"。谷歌认为这个被称为"BERT"⊖的新算法是过去五年来搜索界的巨

⊖ BERT，即 Bidirectional Encoder Representations from Transformers 的缩写。该算法是谷歌2019年研究出来的一种能更好地理解人类语言的算法。——译者注

大进步之一。

亚马逊的算法也一直在更新进步。公司成立初期，它用的是从 MIT 媒体实验室购买的软件。其算法要求用户获取可能感兴趣的书目推荐之前，必须先对几十本书评分，非常麻烦。布拉德·斯通（Brad Stone）在《一网打尽》(The Everything Store) 一书中披露，对此贝佐斯要求自己的计算机科学家必须提出更好的方案。

在几周内，科学家们发明了一种新算法，可以根据用户已经购买过的图书进行兴趣推荐。这是亚马逊网站个性化推荐的雏形。《一网打尽》一书给予了这种新算法高度评价，称其为"孵化亚马逊强大个性化服务的种子"。在后来的许多年中，亚马逊一直在招兵买马，保证计算机科学家队伍不断壮大，让亚马逊的算法更新、更好、更强大。

数字平台无须自建

近年来，不少传统企业都宣称自己已进行了数字化转型。它们所谓的数字化，大都停留在上网卖货、内部数据处理及流程优化的初级阶段。虽然这些努力能部分弥补其线下业绩下滑，但与数字巨头相比，无异于九牛一毛。

比如，梅西百货和彭尼百货这样的传统连锁百货，为了应对亚马逊这样的电商平台的强力冲击，也自建网站，吸引客户在线购物。但由于这种尝试只是线下业务的简单复制，既没有更快的物流，也没有颠覆性的购物体验，更没有创新的盈利模式，反倒进一步挤压了利润，导致了好几轮新的闭店潮。

新冠疫情更是打了传统企业一个措手不及。最终用户突然完全转到线上，许多线下商家毫无准备，现金流立马告急。与此同时，亚马逊却在进一步逆势增长，2020年收入增幅高达38%。沃尔玛这样的老牌线下零售商，由于及早布局数字化转型，因此能够迅速适应。

数字平台的重要性已经毋庸置疑，但如何打造数字平台是个问题。通常传统企业有三个选择：①自建；②收购；③借助第三方平台。

如今自建数字平台的技术门槛已大幅降低，获取技术越来越容易、越来越便宜。自建平台也不需要大批招人、从零开始，只需买现成算法重新设计即可；至于算力、数据库等，也都有现成的云服务。收购也是常用手段，比如沃尔玛收购了 Jet.com，迪士尼控股了 Hulu。借助第三方平台同样成为可能，比如加拿大创业公司

Shopify[一]就是很多小型零售商和部分大型消费品企业的不二之选，该平台提供了一站式电商建设及运营服务。

沃尔玛选择收购，是因为经历了自建不成的失败经历。21世纪初，沃尔玛就推出了网购服务，但一直不温不火，在2008年的全美电商排名中仅为第十三名，远远落后于亚马逊。2009年，沃尔玛网购服务向第三方卖家开放，取得了一定增长，但是没有真正爆发。2014年，沃尔玛迎来新的掌门人董明伦，他坚定地推动数字化转型。2016年，沃尔玛开始发力，以33亿美元的价格收购了Jet.com，从此拥有了非常先进的动态定价算法，以及其他急需的专业能力，并任命Jet.com的原首席执行官马克·洛尔（Marc Lore）全面负责沃尔玛在美国的电商平台。就这样，沃尔玛的线上收入终于开始快速增长。2018年，尽管和亚马逊还有很大差距，但沃尔玛已经在全美电商排名中跃居第三。

不少传统企业也发现从零开始建立自己的数字平台不仅麻烦，而且没必要。前面提到的Shopify就抓住了这种痛点，专门提供第三方数字平台服务。据报道，截至2019年秋，它已拥有约80万家企业客户。

[一] Shopify是一站式SaaS模式的电商服务平台，为电商卖家提供搭建网店的技术和模板，管理全渠道的营销、售卖、支付、物流等服务。该公司总部位于加拿大首都渥太华。——译者注

此外，还有 Algorithmia 这样的算法供应商，向企业提供所需的算法产品服务。存储和处理数据所需的计算能力也可以借助云服务来实现，成本可控。即使是已经受雇于某公司的人工智能专家，愿意与同仁分享自己工作的也不在少数。他们会和雇主协商，允许自己开源一部分算法。这正是所谓的"计算机科学的春天"。

再介绍一家供应商 TensorFlow，它是一个数据库和开源平台，最初是谷歌的内部支持工具，诸如搜索、邮箱、地图等产品都是靠它实现的。如今 TensorFlow 是谷歌开源（Google Open Source）平台上的一个开放系统，任何人都可以访问获取。很多外部公司，如爱彼迎、领英（LinkedIn）、贝宝、联想和通用电气都是它的用户。贝宝就借用 TensorFlow 的功能来检测金融欺诈行为。

综上，算法技术本身已经不是公司的竞争优势，真正的优势是正确地选择和利用算法和数据。

数字平台对业务发展至关重要

请注意，数字平台对业务核心的作用，已经上升到与供应链和公司财务同样重要的位置，作为传统企业的领导者，你必须对此深刻理解。新加坡星展银行（DBS

Bank）在数字化转型中就很好地重新定位了自己。

2013年，星展银行首席执行官皮伊什·古普塔（Piyush Gupta）看到中国的数字企业竟然这么快就把在线支付和贷款业务做起来了，他知道自己必须变革。当时星展银行在服务中小企业的过程中已经找到了清晰的盈利思路，但利润率远不及互联网企业。古普塔的结论是，星展银行必须为其核心业务打造数字平台。"不是做一堆应用程序，而是重新思考技术架构。"他解释道。

古普塔发现，他年迈的父母在生活中竟然也离不开互联网了，因此相信公司员工也可以拥抱变革。为了夯实这次转型，他和团队统一了思想认识。他们认为，星展银行应该是一家技术公司，而不再是一家银行，对标时也瞄准了技术公司，而不是摩根士丹利这样的金融企业。

我的朋友，数字技术服务公司 UST Global 的首席执行官克利希纳·苏廷德拉（Krishna Sudheendra）在一次某主权基金组织的商务聚会上遇到了古普塔。克利希纳对他说自己刚和他的竞争对手聊过天。古普塔问："哪家对手？"克利希纳答："是花旗集团和美国银行。"古普塔马上纠正道："它们不是我的竞争对手。我的对手是谷歌、亚马逊和腾讯。"

2018年,《环球金融》(Global Finance)杂志将星展银行评选为"全球最佳银行",该奖项是根据企业过去一年的表现以及其他标准(包括声誉、卓越管理和在数字化转型方面的领先地位)而评定的。同年,星展银行被《欧洲货币》(Euromoney)杂志评选为"全球最佳数字银行",这表明星展银行的互联网属性已经得到广泛认可。

想清楚数字平台要做什么与知道如何创建数字平台一样重要。数字技术的真正影响,在于把"技术可以做什么"与"怎么使用技术"的商业判断相结合。只有不同专业领域的人士紧密合作,才能激发好的创意——构想用户体验、市场策略及生态体系,还有制定数据获取及业务的目标。

上一章讲到的要为最终用户提供极致个性化体验、创造百倍增量市场、匹配供需端等能力,对于拥有数字平台的数字巨头可谓信手拈来,但数字平台能做的不止于此。

数字平台能实现动态定价,降低成本

数字平台收集信息,帮助系统即时、高频、目的明确地更新价格,这种细化到分钟的动态定价能力,是实体经营者无法企及的。动态定价不但可以调整本地市场的价格，在某些情况下还可以调整客单价。这在很大程度上约束了竞争对手的动作，还能有效防止库存过多和价格失控。

以亚马逊为例。如果某第三方卖家在别的平台给同一件商品标了更低的价格，亚马逊很快会自动监测到，并要求该卖家在亚马逊的价格必须相同或更低。此举名义上是保护消费者利益，实则是约束第三方卖家，后者因此也颇有怨言。出于安抚，亚马逊又在2019年夏季推出一个名为"亚马逊专享"的计划，从保护卖家利润的角度出发重新规定了一套定价准则。

动态定价帮助数字电商巨头牢牢掌控竞争优势，在这个过程中，它们永远把客户放在第一位。例如，亚马逊对供应商发货的要求苛刻到不近人情，但它始终牢记对客户的承诺，坚定地以薄利多销为原则挣钱，而不是挣暴利的钱。

亚马逊为客户无限追求低价的原则，如今已经深入人心。2018年，美国连锁药房企业CVS和美国安泰保险金融集团（Aetna）合并，同时亚马逊也刚刚收购在线药房PillPack，进入这个领域。人们认为，亚马逊一定会按惯例出牌，因此期待CVS在合并后也能降低所售药品的价格，不但用以应对亚马逊的挑战，也能让消费者得到实惠。

数字平台能推动业务快速增长

如法则 1 所揭示的,数据分析可以揭示用户在其他方面的需求,且无须付出新的获客成本。因此数字平台收集的数据也在帮助平台自己为用户提供新的体验。用户新的需求被满足了,平台收入也就增加了,毛利率随之上升,而平台成本却会随规模增长而越摊越薄。

另外,在数据和算法的分析指导下,新产品与服务的迭代有据可依,大大降低了公司创新的风险。

数字巨头的案例告诉我们,有了第一个基础平台,就能迅速开发出多个创收渠道,获得可观的毛利。亚马逊的数字平台,就衍生出直接销售、第三方销售、广告和金融贷款等收入来源。优步、Lyft 等出行服务公司,也借助数字平台得以进军出行以外的业务,比如外卖配送。

传统企业澳洲航空公司(Qantas Airlines)的数字化转型也是个例子。它的数字平台追踪积分用户的数据互动后分析发现,这部分用户有强烈的健康保险的需求。于是,澳洲航空公司设计了一个销售活动,即在澳洲航空公司购买健康保险可获得旅行积分,而上传走路步数等健身活动数据,也能赢得更多积分。澳洲航空公司因此拓展了健康险售卖的新业务。

数字平台能帮助开拓全新业务模式

以 Acrobat Reader 和 Photoshop 等软件产品闻名的 Adobe，通过数字平台和云存储，成功将产品转化为服务。用户无须购买 Adobe 的软件产品；也无须一次性支付高达数百万美元的许可下载费用。Adobe 的数字平台使得用户能够灵活订阅，只要按使用时长付费，再也不用一次性投那么大一笔钱了。此举深得用户欢迎，尤其对于捉襟见肘的初创企业，不仅支出降低了，而且得到的服务永远都是最新的。

从软件产品到服务平台的转型让 Adobe 的业绩扭转乾坤，焕发新机。2015～2019 年，它的收入增长了一倍以上，市值从 400 亿美元大涨到 1600 亿美元。

在由软件向服务转型的公司中，Adobe 算是领先的弄潮儿。SaaS（软件即服务）这一形式现在已经很常见，还延伸出很多新形式，例如媒体大佬兼投资人、亚马逊影业前战略负责人马修·鲍尔（Matthew Ball）创造的新词 DaaS（迪士尼即服务），被认为是迪士尼的全新商业模式。

B2W Digital：数字平台助力转型成功

那些憧憬着数字化转型后的美好未来的传统企业，可以看看巴西最大的零售商 Lojas Americanas 是怎么做的。

20世纪90年代后期，也就是亚马逊的线上书店刚开始运营那几年，巴西不少线下实体零售公司的领导者就意识到在线购物的巨大潜力。其中最大的一家Lojas Americanas积极布局，成就了独立的数字巨头、上市公司B2W，后者2020年1月的市值为370亿巴西雷亚尔（约合85亿美元），是巴西证券交易所30家最有价值的公司之一。

当Lojas Americanas创建电商平台Americanas.com时，网购在巴西刚刚兴起。消费者在网站上可以买到服装、亚麻布、皮具、手机之类的产品，而实体店则出售小家电、糖果、玩具、保健品、内衣等品类。

当时，人们对网购知之甚少，Lojas Americanas找到了建平台的专业人才，很快在这个新市场成为领军者。还有一家叫Submarino的初创电商公司，和Lojas Americanas差不多同一时间成立，除了卖货，还提供在线票务、旅行产品和消费信贷等服务。当时的电商市场一片蓝海，因此这两家公司都得到了充分发展的空间，成为巨头。后来涌入的对手，很难撼动它们的地位。

2005～2006年，电商行业开始了兼并潮。2005年Americanas.com收购了排名第三的对手Shoptime，而

Shoptime 旗下的一个电视购物频道在次年与 Submarino 合并。

在合并时，Lojas Americanas 的董事长和首席执行官进行了深入探讨，认为电商业务必须独立经营，才能真正快速发展。于是，Lojas Americanas 将其电商业务分拆出来，成立了 B2W Digital，一举成为拉丁美洲最大的电商平台，旗下拥有多个线上购物平台、品牌和业务线。Lojas Americanas 在 B2W 保留了 53.25% 的控股权，其余股份于 2007 年 8 月在巴西证券交易所上市公开交易。

B2W 新任首席执行官是原 Americanas.com 技术主管安娜·赛卡利（Anna Saicali），她接手后本打算立即启动整合，但恰逢 2008 年全球金融危机爆发，所有投资动议被迫搁置。赛卡利回忆道："当时不知道世界经济会发生什么，也不知道巴西会受到怎样的影响，因此我们选择专注现金流管理，在出售资产的同时并未大举收购。即便是面对'绝佳机会'，也保持了克制，没有大量投资。"

这样的坚持使 B2W 安然度过金融危机。其间公司保持盈利，不仅分配了股息，而且回购了股票。到了 2010 年，公司全面恢复平台运转，却又遇到了新的障碍。不过，这一挫折也促使 B2W 进行战略升级，致力于建立一个更强大、更广泛的数字平台。

刚开始，B2W和别的电商一样，发货送货都用外部的供应商和物流公司。线上购物规模越来越大，而物流供应商和基础设施却没有任何进步。供需矛盾日渐激化，到了2010年圣诞节，雪片一样的订单无法履约，大部分商家都爆仓了。消费者把收不到节日礼物的愤怒发泄给了平台。作为巴西最大的电商，B2W首当其冲。

这件事给赛卡利及其团队敲响了警钟。他们统一了认识，即公司做每一件事都必须把客户满意放在首位，因此B2W必须建自己的物流基础设施。

在接下来的三年战略计划中，总共10亿美元的战略投入里，技术、物流、客户体验成为三大支柱。

清楚地看到方向与路径后，接下来的问题是现金紧张。B2W的商品均为自有库存，这是实体母公司Lojas Americanas的传统做法。金融危机结束后，B2W增长加速，扩充了库存，导致现金流更加吃紧。

在一次董事会上，赛卡利为解决现金问题提出了一个解决方案：允许第三方卖家在B2W平台上销售，B2W收取佣金。我也参加了那次会议，见证了董事们的激烈讨论，最终解决方案得到了董事会的批准。2013 年，该公司推出了 B2W Marketplace，一个连接买家和第三方卖家的双向平台。虽然此后平台持续数年亏损（因为公司还大量地投入资金进行长远建设），但第三方卖家的引入确实大大缓解了现金流压力。

B2W 的远见和执行力吸引了科技投资机构老虎环球基金（Tiger Global），2014 年，老虎环球基金宣布向 B2W 投资 10 亿美元，按当时股价算，溢价高达 85%。这笔交易自然得到了 B2W 股东的热烈欢迎。从此 B2W 进入了快车道：它接连收购了三家公司，为自己提供了强大的物流平台、仓储设施和中转枢纽，并加强了为电商客户提供的第三方承运服务——圣诞节时再也不会爆仓了。

战略三大支柱之一的技术能力，需要多方面的努力。从 B2W 诞生伊始，赛卡利就一直与技术领域的前沿保持同步。她很清楚数字平台是实现良好客户体验的重中之重。通过技术团队自身的成长、技术公司的收购，以及与领先技术专家的合作，她正在努力把 B2W 打造成世界一流的技术公司。

随后的两年内，B2W 完成了 11 笔收购，每一笔都给自己增添了重要的技术能力，其中三家系统开发公司（Uniconsult、Ideais 和 Tarkena）分别处理后台系统、前台系统以及客户数据和库存管理。收购后，技术团队人员翻了一番，工程师达到 600 多名，并推动了创新和创业中心的建立。其他被收购企业还包括，提供比价和优化虚拟商店等方面专门工具的 Admatic，在线商店平台开发商 E-smart，以及在人工智能、在线安全、线上线下整合、社交媒体营销等方面各有建树的数家企业。

为了应对更高精尖的技术难题，赛卡利遍访麻省理工学院、斯坦福大学、哈佛大学和多家咨询公司，请教专家，并与这些机构以及相关的实验室（部分在拉丁美洲）创建了合作项目。

2017 年，B2W 数字平台完成了对自有电商和第三方卖家的全覆盖，并终于开始赢利。2019 年在实现了现金流转正的目标后，赛卡利交出 CEO 权杖，出任董事长。

但这些并不是终点。数字平台、数据积累、技术能力和健康的财务，激发了更多创新。例如，衍生于数字平台的移动数字钱包 Ame，可以一站式完成金融服务及其他常用服务。它和 Lojas Americanas 合作，让用户线上订货，线下取货。在创新的过程中，它不断强化重点业务，精简产品组合，砍掉了在线购票等冗余业务。

在人工智能的支持下，数据让决策变得更加有效。大量数据和先进算法相结合，使B2W能够洞悉客户行为，完善用户体验，深入了解员工。正如赛卡利所说："我们在所有领域都用上了大数据，帮助自己做出所有决策。"她补充说："一切都要归功于我们的数字化理念。"

B2W的数字化工作开始得很早，它对技术、客户的大量投入，值得今天的每家企业学习。经过十多年的努力，该公司市值从2006年创立时的34亿巴西雷亚尔（约合15亿美元）飙升到了2020年初的370亿巴西雷亚尔（约合85亿美元）。在巴西市场，该公司一直领先于2013年进入的亚马逊，以及试图在线上线下双线作战的沃尔玛。

敬畏数据，保护用户隐私与安全

数字平台对合作伙伴的吸引力，在于接入后可以访问海量数据，全面洞察自己的目标客户。现在大家都知道，数据来源和用途的准确性，是一家公司数字竞争力的命脉。无论是让算法直接决策，还是给决策人提供信息，数据的质量、可靠性和及时性，对公司决策的速度和质量都至关重要。

接入数字平台的企业首先得确保自己数据获取通畅且与其他平台兼容，因为数据分析的维度极为综合，需要的数据也是海量的。然后把这些海量数据给机器和人工智能去"学习"，久而久之就会得到越来越精准的结果。尤其在自动驾驶领域，为了应对路上随时可能遇到的突发状况，需要进行不计其数的数据学习。

对出行公司而言，路况数据只是需要收集的一类数据，这个行业的数据应用广泛，已经交织成一张复杂密集的生态网。在出行生态中，许多数据来自车辆自带的传感器。今天的物联网，便是由内置于各种机械中的传感器实时收集各种用途的数据而结成的。例如，通用电气在其生产的涡轮机上内置监测零件状况的传感器，以便例行维护；迅达集团（Schindler）在其生产的电梯中嵌入传感器，以便预测和诊断设备故障。

无论是通过传感器收集还是与客户互动获取，数字平台都应在正确的节点抓取正确的数据。众所周知，亚马逊不仅和客户有大量交互，而且有大量数据是从运营的各个节点获得的，例如，商品几点打包完毕、几点发货。获得正确的数据，用正确的算法过滤，让机器或人快速反应——这样的机制使得一个个"最小可行产品"很快完成从想法到实验再到迭代的过程，提高了创新的速度和效率。

正在打造医疗保健生态的苹果,在收集医疗健康数据时,除了政府监管,最大的障碍便是数据的不兼容。来自不同实体的数据,包括保险公司、实验室、医院、诊所和医生的数据,都需要苹果统一格式后进行加密。另外,用户储存在"健康"应用程序或苹果手表中的数据也要加密,以保护用户的数据隐私。

苹果在技术上的许多努力对外人来说是看不见的,但它连通了医疗数据,有望将整体医疗健康服务水平提升一大步。蒂姆·库克和他的团队在讨论医疗健康生态思路时,应该画过这么一张图,上面是数据的流动:第一个箭头,从个人用户的健康应用程序到保险公司,后者评估后给出更低的保险费率或健康建议,再反馈给个人;第二个箭头,从个人用户的健康应用程序到医师,后者收到数据后改进治疗计划,再反馈给个人;第三个箭头,从汇总数据到研究机构,再从研究机构到参与药物试验的患者。

初创企业获取数据非常难,因为它们自己的客群量还很小,而从第三方购买数据,价格又很高。传统企业拥有大量数据,却往往用不起来,要么格式不统一,要么不完整。如今,有很多专业机构可以做数据统一化的服务，成本可以低于一百万美元。

遇到数据难题时，可以问自己这几个基本问题：我们需要什么数据？我们有什么数据？它有多完整？是否以正确的形式获取的？大量数据的存储也值得考虑，是自己存储还是使用云服务？要知道，一旦业务成功规模化，带来的数据量和存储成本也将呈指数级上升。

回过头来看，商业公司利用数据和算法赋予了用户巨大的价值，然而一旦后者的隐私和安全被侵犯，价值将灰飞烟灭。以前，用户自愿用个人数据交换服务或免费权益，在签署网站或应用上冗长的附加服务条款协议时都没太留心，默认自己的信息会得到保护，隐私受到尊重。但现在，数据泄露事件如此频繁，广告推送精准得可怕，这让人们越来越担忧。算法本身也被质疑——如果让心存偏见的人编写代码，再通过机器学习，就会进一步放大这个人的偏见，从而在信用评估、求职者筛选，甚至抓捕犯罪嫌疑人时有失公允。

数据在日常生活中无处不在，数据安全和保护已成重大议题。如果自动驾驶的控制系统很容易被黑客攻击，谁还敢开自动驾驶汽车；如果病历信息经常被泄漏，医疗健康的生态也将崩塌。

但历史告诉我们，有问题，就会有解法。2019年，谷歌发布了一组工具以保护用户的个人数据。保护用户隐私一直被苹果奉为核心价值观之一,这在当下也成为苹果的竞争优势。进入医疗健康行业后,苹果使用了一种"联邦计算"模型,数据只保留在个人设备上而不上传到云端,并应用加密技术等安全措施阻止外界访问这些数据。

但也有反例。2018年,脸书和英国政治咨询机构剑桥分析公司共享用户数据的丑闻曝光,舆论一片哗然,脸书创始人兼首席执行官扎克伯格不得不出席美国国会听证会,但依然难平民愤。

如果数字巨头失信于用户,却仍持有他们的数据,监管机构就该干预了。对此,欧盟已经通过了法规,限制数字企业对数据的存储、处理和共享。美国监管和立法机构也将采取行动。一些法律人士提议,算法源代码应公布于众,以检查潜在的歧视与偏见。印度政府认为,数据是公共财产,所有人都可以在特定条件下访问。同时,为了防止偏见干扰和侵犯隐私,越来越多的地方政府禁止了面部识别技术的应用。

我们必须承认,数字巨头可以被约束,却不能被消灭。所幸的是,监管也许会迟到,但绝不会缺席。

第五章

法则 3　生态构建

生态对垒取代单打独斗，
　　生态系统价值巨大

　　如果你还在担心自己被某家数字企业颠覆，那么这个想法本身就亟待更新。

　　数字时代，威胁最大的不是某家企业，而是其所属的生态系统，因为生态系统才是竞争优势的真正来源，才能为用户提供更好的服务，为企业创造更大的价值。

　　生态系统并非什么全新的概念。苹果手机刚刚推出之际，苹果的核心竞争优势就是成功打造了应用软件开发者生态。这些生态伙伴开发了各种应用软件，满足了用户的各种需求。

早在 PC 时代，英特尔与微软便联手建立了 Wintel 生态。它们在各大品牌的台式机和笔记本中，内置了微软的视窗操作系统和英特尔 CPU。两大巨头携手合作，相互促进，各得其所。此外，微软还有一个专门为企业客户提供互补产品和服务的生态系统，里面有数千家合作伙伴。这些伙伴不仅为微软贡献了更多的客户、更好的产品和服务，而且让微软可以专注于自己最擅长的软件领域。

上述生态系统有个共同特点，就是主要聚焦供给，是以整合供应链为核心的体系。但数字巨头构建的生态系统与此不同，它们与伙伴的合作是多维度、多层次的，不仅互利互惠，而且是以指数级增长放大的。

当你突破局限，跳出单个企业，看到整个生态系统时，你就会意识到，一个能够通过更加丰富的产品与服务，更好、更全方位地服务用户，一个能够通过各类资源共享与各种互动创新，更好、更全方位地为合作伙伴赋能的生态系统，本身就是巨大的竞争优势。

生态伙伴，互利互惠，共生共荣

数字巨头有的善于跨界整合，为用户创造更好、更完整的用户体验；有的善于产业链改造，去掉中间环节，持续降低产品及服务成本；有的则是全能高手。强大的生态系统、巨大的网络效应，能让参与各方，包括用户、伙伴及自身都从中受益，共同创造指数级的增长。

2019年4月，贝佐斯在致股东的信中，以一串数字开头。这串数字，不是公司利润或股价，而是过去20年中第三方卖家在亚马逊电商平台上的销售占比：1999年这一数字仅为3%，2018年则猛增至58%，甚至超过了亚马逊自营。数以百万计的第三方卖家，是亚马逊生态系统的重要组成部分，为亚马逊实现指数级增长做出了巨大贡献。

长期合作，必然要互利互惠。作为生态系统的主导者，亚马逊在第三方卖家的成功上厥功至伟。比如，亚马逊为第三方卖家的日常经营提供了一系列数字化管理工具；亚马逊物流服务可以帮第三方卖家消除后顾之忧，更快速、更便捷地发货至更广泛的区域市场；除此之外，第三方卖家还能向亚马逊申请贷款支持。别的不说，仅仅是能在亚马逊平台上展示商品，就意味着更大的曝光量和更多的客户流量。有分析显示，亚马逊已超过谷歌成为网购者的首选搜索平台。

生态伙伴越来越多，越长越大，亚马逊也随之水涨船高。除了财务收益，亚马逊还积累了越来越多的数据。数据加上算法，能够促成更为精深的用户洞察、更为准确及时的业务及管理决策，从而催生出更为精准的用户推荐、更为质优价廉的用户体验。

在数据算法的加持下，亚马逊不断拓展业务边界。其电商业务从图书起家，现在已经涵盖了几乎所有商品，比如玩具、宠物用品、消费电子产品、箱包、服装、珠宝，等等。通过第三方卖家业务，亚马逊从在线贷款和精准广告业务中也获得了可观收入。除了面向消费者的电商平台，亚马逊的业务版图还扩张至面向企业的亚马逊云服务（AWS）、智能语音平台 Alexa 等领域。2020年2月《金融时报》报道称"高盛正在积极准备，很快将通过亚马逊平台，向中小企业提供贷款"。㊀

在当今时代，没有生态伙伴，单靠一家企业单打独斗，是很难向数量众多的用户群提供完整解决方案的。数字时代的新型生态系统，能够做得更多，做得更广，创造更大价值。传统企业对此必须有深刻的认知和坚定的决心，无论具体实现起来多么复杂，都需要全力以赴。生态系统建设，既是 To C 企业的必修课，也是 To B 企业的必修课。

㊀ 2020年6月，亚马逊贷款业务宣布与高盛旗下马库斯（Marcus）建立新的合作伙伴关系，以便提供专为美国亚马逊卖家设计的马库斯商业信贷。——译者注

构建生态系统，必须从最终用户的需求出发，在足够资金的支持下，还需要确保具备持续衍生新业务、持续创造新收入及现金流的能力。这样生态系统才能生生不息，不断发展壮大。

新势力横空出世，汽车生态大幅重构

汽车行业的传统生态，是按产业链前后顺序形成的线性体系，从零配件供应商，到汽车企业，再到经销商。头部车企一如既往的主要关注点，基本都以自身发展和市场份额为主。

然而，造车新势力的横空出世，打破了汽车行业的传统壁垒，击碎了汽车行业的岁月静好。

特斯拉掌门人埃隆·马斯克并没有发明电动汽车，只是充分利用了先进的电池技术和日益深入人心的环保理念，加速推动了电动汽车对传统燃油车的替代。从2008年卖出第一辆电动汽车开始，特斯拉不断推出新车型，销售持续火热。消费者追捧的是马斯克的个人魅力，更是特斯拉产品的时尚和品质。

特斯拉引爆了电动汽车市场，传统车企迅速跟进，三菱、标致、尼桑、通用等品牌纷纷宣布杀入电动汽车市场。马斯克不但并未因此紧张焦虑，反而在 2014 年宣布特斯拉要开放专利。他在推特上写道："秉承开源精神，推动电动汽车技术的发展。"从此，特斯拉的技术不再是秘密。

与此同时，摄像机、传感器、处理能力、遥感和人工智能的发展，正在让自动驾驶照进现实。数字巨头纷纷下场，嗅觉敏锐的传统企业也高度关注，出手迅速。谷歌在 2009 年就启动了自动驾驶计划，后来发展成为独立业务 Waymo。2016 年，通用汽车在持续关注多年后，收购了硅谷的自动驾驶初创公司 Cruise Automation[一]。2017 年，英特尔收购了以色列初创公司 Mobileye，该公司成立于 1999 年，从辅助驾驶起家，后来进入了自动驾驶领域。

要训练自动驾驶的算法，需要大量实际道路上的测试数据。当其他自动驾驶公司刚开始在匹兹堡、旧金山以及上海、北京的部分地区进行路测时，Waymo、特斯拉以及图森未来[二]（TuSimple）早已积累了多年的数据。

[一] Cruise Automation 创立于 2013 年，总部在旧金山。被收购后旗下包括 Cruise 自动化公司和 Strobe，两者分别负责通用汽车公司自驾车开发和自动驾驶传感器开发。——译者注

[二] 图森未来（TuSimple）成立于 2015 年 9 月，提供以计算机视觉为主的可商用 L4 级自动驾驶解决方案、高速场景及港内集装箱卡车的无人驾驶运输解决方案。2019 年 UPS 通过风险投资收购该公司部分股权。——译者注

2019年夏季，图森未来生产的无人卡车已经开上了美国亚利桑那州的指定路线，为 UPS 送货了。

过去十年，除了数字企业、汽车制造企业，还有一群颠覆者加入了游戏，最典型是美国的优步、Lyft 这类出行服务企业。"没有人真想要 1/4 英寸①的钻头，他们只是想要在墙上打个 1/4 英寸的孔"，这是哈佛大学教授、营销大师西奥多·莱维特（Thedore Levitt）的名言。其实消费者并非真的要一辆车，他们要的是从一个地方到另一个地方。看到了这一点，共享出行平台通过算法把需要出行的乘客与愿意送他们的司机匹配起来，让前者无须买车也能到达目的地。这种更方便、更低成本的出行替代方案，部分满足了买车的刚需。

共享出行平台如今也在关注自动驾驶，它们希望让不眠不休的数字技术去开车，这样就不用非得烦劳人类司机了。当然，汽车制造企业对共享出行、自动驾驶也很感兴趣。同时，拥有关键技术的科技公司也正想方设法进一步扩大商业版图。

行业生态重构势不可当，造车、出行和科技，这三个过去"井水不犯河水"的领域，逐渐融入同一赛道。图 5-1 显示了造车、出行、科技及相关领域的复杂生态演变。

---

① 1 英寸 = 0.0254 米。

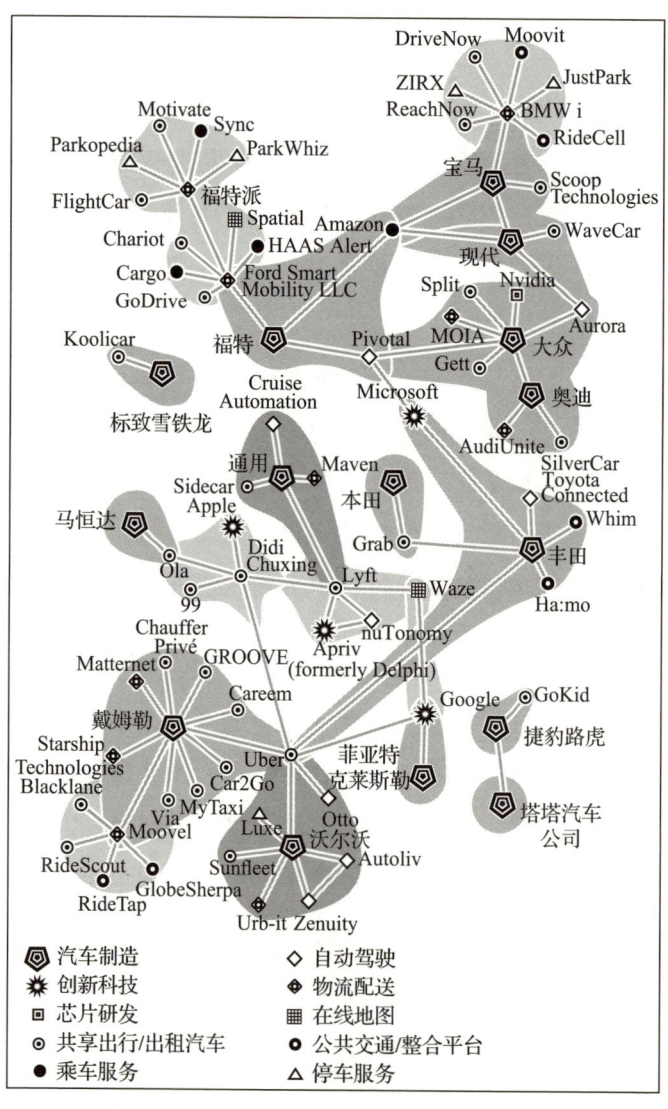

图 5-1 造车、出行、科技及相关领域的复杂生态演变

资料来源：www.drivesweden.net

这种生态演变正在变得更加错综复杂，还有更多类型的玩家会杀进来，比如外卖送餐平台，再比如软银愿景基金这样的大型投资机构。（关于软银的生态系统打造，在本章后面会详细阐述。）

无论是传统车企还是造车新势力，都需要认真思考生态系统，持续迭代升级，将更多的参与方吸纳进来，构建更好的合作关系。据我观察，每个成功的生态系统需要至少十个合作伙伴。

今天的选择，将决定未来的成败。传统车企深知，长期来看消费者买车的需求将持续下滑，它们必须为组建赢在未来的"胜利者联盟"储备大量现金。为此，它们不得不抛售资产。通用汽车 2017 年出售了旗下欧洲品牌欧宝（Opel）和沃克斯豪尔㊀（VAUXHALL），又在 2020 年 2 月宣布退出澳大利亚、新西兰和泰国市场。福特将其印度业务转移到与马恒达㊁（Mahindra & Mahindra, M&M）的合资企业中，并让后者成为拥有 51% 股权的控股股东。几乎所有传统车企都在裁员，都在收缩产品线。

㊀ 沃克斯豪尔汽车公司是英国产量较大的轿车厂商，1903 年开始制造汽车，1925 年被美国通用汽车公司收购，现为标致雪铁龙集团的子公司。——译者注

㊁ 马恒达公司成立于 1945 年，最初生产拖拉机和轻型商用车，其产品在印度多用途运载车辆领域享有很高的声誉。——译者注

面对确定的需求下滑，以及探索未来道路上的诸多不确定性，它们必须快刀斩乱麻，才有可能改变命运。

过去，传统车企不时地会在发动机研发等高精尖领域合作开发，但很少会深入人才共享、资源打通的层面。因此，当2018年12月20日彭博社刊发新闻报道《宝马与奔驰：造车新时代，从敌人到伙伴》时，人们多少还是感到有些惊讶。

同为德国豪车品牌的宝马、奔驰与奥迪，数十年来一直是针尖对麦芒，竞争十分激烈。到2015年，它们终于意识到，在数字时代，面对未来趋势，相互联手才能发展得更快。于是，三家联手购买了诺基亚地图业务"Here"的控股股权，选择了共享而非独霸，成为新的行业标杆。到2018年末，随着自动驾驶技术的日益发展，传统车企之间的合作更加深入，涉及应用平台、动力电池和自动驾驶等多个领域。

德国车企对内化敌为友，对外还需提高警惕。全球市场群雄辈出，各自背后都有强大生态系统的支持。比如，中国数字巨头百度，一直想在人工智能领域扳回一局。

2017年，百度启动了数字平台阿波罗（Apollo），以搭建开放平台、构筑生态系统的方式,高调切入自动驾驶赛道。阿波罗平台提供了环境感知、路径规划、车辆控制、车载操作系统等功能的代码或能力,以及完整的开发测试工具。这多少让人联想到谷歌的安卓系统。当年谷歌收购安卓后,也将其打造成开放平台,并将其生态系统做得无比强大。

百度在自动驾驶方面起步相对较晚,按理说在数据上不如先行一步的其他对手,但构建生态系统为其赢得了显著的后发优势。在短短 14 个月中,百度吸引了 100 多家合作伙伴,其中包括微软、英特尔、奔驰、北汽集团,以及汽车零部件供应商等。由此,阿波罗平台上很快就有了整个生态系统的数据。

美国企业也不甘落后。2017 年,美国的出行巨头 Lyft 围绕自己的开源软件平台构建了生态系统,笼络了包括 Waymo 在内的多家自动驾驶技术供应商。而传统车企通用,上文提到在 2016 年 3 月收购了自动驾驶公司 Cruise,将其纳入自己的生态系统。2018 年,通用生态系统迎来新的伙伴,传统车企本田和投资巨头软银联手,分别以 27.5 亿美元和 22.5 亿美元,出资入股 Cruise。

生态演化,好戏连台,一切都在持续地发展与变化之中。作为领军企业,应该将生态系统建设作为战略重点，持续关注，大力投入。数字时代的竞争，已不再是企业间的单打独斗，而是生态系统间的两军对垒。除了关注自身的生态系统建设，还要密切关注对手动向，比如它们新近吸引了哪些伙伴加入，有没有漏掉谁，做了哪些调整变化，如何为用户提供更好的服务。

UST：生态系统与数字平台的完美结合

UST 是一家总部位于美国加利福尼亚州的技术服务公司，年收入超过 10 亿美元，年增长率高达 24%。UST 的案例告诉我们，通过构建生态，不仅能够快速跟进技术变化，而且能够创造出新的商业模式及增长空间。

自 1999 年成立以来，UST 的主要业务就是 IT 外包服务。公司最初进入印度时只有 14 个客户，后来凭借可靠的服务和卓越的执行能力，赢得了市场并越做越大。到 2015 年，公司年收入达到了 7 亿美元，客户也大都为大型蓝筹企业，其中不乏遍及世界各地的顶级零售企业、医疗企业和金融机构。

随着数字技术的快速发展和数字巨头的不断涌现，UST 的传统企业客户也开始迫切希望推动自己的数字化转型，以提高经营决策的质量和速度，为客户和员工创造更好的体验。

UST一方面看到了客户强烈需求带来的勃勃商机，另一方面也认识到单靠自身力量，想为诸多大型客户"从零到一"建设整体数字平台的力不从心。于是UST想到了构建生态系统，联合众多伙伴，共同努力，为客户打造更新的体验，更灵活的架构，更低成本、高收益的整体解决方案。

于是，从2015年开始，UST开始广泛搜寻合作伙伴，主要瞄准那些擅长数字技术、前沿算法、创新应用开发，并与UST能力互补的创业公司。它最终锁定了15家小公司，并采取了灵活多样的合作方式：有的整体收购，有的投资入股，有的只是战略合作（比如互相介绍客户和相关业务）。就这样，UST构建起了自己的数字化生态系统。

除了外部搜寻，UST还进行内部孵化。UST鼓励创新文化和企业家精神，孵化出了多个新业务，并大获成功。此外，UST还积极与麻省理工学院、斯坦福大学、宾夕法尼亚大学等顶级科研院校合作，把前沿的研究成果带给客户，为解决客户问题提供了新的思路。

作为生态系统的构建者，UST既为生态伙伴带来了新的业务机会，帮助它们相互学习、快速成长，也大幅提升了自身为客户提供优质解决方案，不断满足客户持续升级的业务需求的能力。这是互利互惠的共生共荣，合作之后，大家的企业估值都实现了显著增长。

生态系统为 UST 带来了领先的数字技术及解决方案，以及长期积累的良好口碑。UST 意识到还可以更进一步，全面升级自己的目标客群，聚焦世界 500 强等企业。

要想触达并攻克这样的世界级头部企业绝非易事，不仅转化周期极为漫长，而且获客成本极为高昂。UST 想到应当升级自己的生态系统，把那些已经与世界级头部企业合作的伙伴吸引进来，借助生态伙伴"领进门"，后续的业务推进才能水到渠成。

UST 的撒手锏是正在构建中的行业数字赋能平台，UST 通过搭建行业通用数字平台，整合生态伙伴的各种应用软件，从而为多家行业客户提供整体数字化解决方案。这无疑是一项多赢的合作，不但大客户能够获得一站式的整体服务，UST 的生态伙伴可以扩大客户群、深化客户关系，UST 也能触达世界级头部企业并与其合作，还能带动其他行业客户。到 2019 年，这样的合作已初见成效，皆大欢喜。

这又给了 UST 新的灵感，把生态系统升级的方向聚焦到了数字技术巨头身上。它们也一直想为大型企业搭建数字平台，提供更好的服务和更全面的解决方案。它们有技术，但缺乏对客户及其业务的深刻理解，而这恰恰是 UST 的专长，双方一拍即合。如今，UST 已经开始与这些数字技术巨头合作，为大型企业客户搭建数字平台。相比自建，此举大幅降低了成本，缩短了时间。

通过构建生态系统，UST 极大地拓展了自己的能力圈，实现了远超以往的增长。随着技术发展及前沿创新，UST 生态不断升级，持续壮大，现在已经有了 300 多家生态伙伴。这个大生态圈，加上生态伙伴各自的小生态圈，产生了巨大的乘数效应，让大家都能从中受益。UST 自然受益最大，不仅客户数量大幅增长，而且客户服务丰富度也大幅提升，为客户创造了更新、更好的体验。

如今已是生态对垒的时代，传统企业如果还没有构建生态的意识，还指望靠降价与 UST 这样的生态巨头竞争，必将凶多吉少。

软银：资本主导，合纵连横，构建产业生态

新型数字生态的发起者大多是企业家，比如亚马逊的贝佐斯、腾讯的马化腾、百度的李彦宏。如今，投资

人通过广泛的资本布局，逐渐连接各个相关环节，也成为搭建产业生态、塑造竞争格局的重要角色。

软银是一家总部位于日本东京的大型风险投资机构，其创始人孙正义在 2017 年把目光投向了头部创业企业，旨在通过大笔资金注入，加速公司成长，快速培养出估值超过 10 亿美元的"独角兽"公司。为此他创立了软银愿景基金，从沙特阿拉伯主权财富基金及其他对冲基金那里募集到了 1000 亿美元。

软银愿景基金如此巨大的资金规模，不禁让人担心：会不会投不出去？事实上，大家过虑了。到 2019 年，该基金已经基本投完，大量的资金涌进了优步、ARM[⊖]、WeWork、Flipkart 和通用旗下的 Cruise 等新时代领军企业。孙正义还表示要开始新一轮募集。

孙正义是风险投资行业的资本巨鳄，更是大型产业生态的顶层架构师。他对一家企业投资的着眼点是企业本身，更是该企业在产业生态中所处的位置。他会主动发起被投企业之间的业务合作，甚至是整体合并，还会依据各企业生态位的特点，打磨相应的竞争优势，使它

[⊖] ARM 为英国半导体制造商。现在大多数芯片架构都基于 ARM 的设计架构，包括华为海思、三星 Exynos、高通以及苹果的 A 系列处理器，它们背后的企业都向 ARM 支付专利费。——译者注

们更好地相互配合，形成合力。

软银在出行领域的频频出招，几乎是教科书般地展现了如何极富远见地合纵连横，构建生态，更快、更大地创造价值。

要合纵连横，就需要多个系统及技术平台的无缝连接，并行处理海量数据，快速应用最新技术，精准满足客户个性化需求，持续提升自动驾驶等前沿技术的水平。为此，早在2017年，软银就收购了英国芯片巨头ARM，还收购了美国芯片巨头英伟达4.9%的股份。[⊖]2018年，软银还与本田合作，分别投资了22.5亿美元、27.5亿美元，入股了通用汽车收购的自动驾驶公司Cruise。

此外，软银还与丰田成立了合资公司Monet Technologies，试图打通丰田的汽车数字平台和软银的物联网平台，通过更多的数据提升物流配送服务。

软银正在通过一笔笔投资，集齐其产业大生态的一块块拼图。据路透社2019年4月报道，软银已向40多家公司投资600亿美元，意在撬动市值3万亿美元的全

⊖ 此事的后续为，2020年9月英伟达宣布用400亿美元从软银收购ARM，并表示"完成对ARM的收购后，英伟达将能够更快地把新的AI可能性变为现实"。但直到2021年8月，这笔交易一直没有得到英国政府批准。——译者注

球汽车制造及共享出行的超大市场。

多方参与、多家协同及标准化连接一定会加快技术发展和加速商业应用。多样化、多方位、多层次的生态合作能催生极为丰富灵活的解决方案，无论是消费者的个性化需求还是企业级的复杂需求，都应该能够得到满足。

无论孙正义最终能否成功，他都会对产业生态布局及竞争格局产生深远的影响。

苹果：医疗健康宏大生态，正在逐步浮出水面

众所周知，苹果早就建立了两大生态，一是围绕iPod音乐播放器的音乐创作者生态，二是围绕iPhone手机的应用程序开发者生态。因此，当基于苹果手表（Apple Watch）的医疗健康新生态浮出水面时，人们毫不惊讶。但是当时大家对此生态未来能扩张多大，苹果会在此生态建设上投入多少，还是缺乏足够的认知。

这个医疗健康大生态超出了很多人的想象，它也许是苹果迄今为止打造过的最大、最复杂的生态系统。一方面，苹果把自己过往的成功经验发挥到了极致，继续关注用户需求，保护数据隐私，打通软件硬件，设计盈

利模式及激励分享机制；另一方面，苹果聚焦于医疗健康生态的核心，将所有用户及病患数据导入系统，处理分析、训练算法，并反馈给相关方，帮助医疗健康行业提升服务质量，降低服务成本。

美国医疗健康市场规模巨大，约占美国GDP的20%，且增速高达6%，约为美国GDP增速的2～3倍。美国医疗健康行业非常复杂，从业人员众多，涉及从医生、医院到保险公司、医学研究机构、医疗设备制造商等规模相差巨大、数字化程度相距甚远的各类参与方。彼此之间，无论是业务模式，还是监管规定及法律法规，都各有不同。

从个体的角度看，病患最怕的就是各家机构之间的信息鸿沟。一旦涉及转诊或多家协同，各家之间的信息不互联、数据不统一、系统不兼容，不仅会造成巨大的资源浪费、成本超支，而且会让不法之徒有机可乘。更糟糕的是，这种信息鸿沟还会导致过度检查、过度医疗，一旦出现病情延误或误诊，就是人命关天。

鉴于此，苹果搭建医疗健康生态的重中之重就是打通端到端，一站式解决信息鸿沟问题，用统一的信息数据为诊疗提供可靠依据，为用户打造个性化的品质体验。苹果首席执行官蒂姆·库克在接受美国知名媒体CNBC

的采访时雄心勃勃地说:"将来如果有人问起'苹果对人类最大的贡献是什么?',我最希望听到的答案是——苹果对人类健康的贡献。"

人们有理由相信苹果能够做到。这种信心除了来自苹果在软硬件融合、生态系统建设上的能力,更来自苹果对用户体验的关注、对用户隐私的重视,以及对用户的健康信息一如既往的保护。

这正是苹果打造医疗健康大生态的出发点:聚焦个体用户体验,严格保护用户隐私,让用户始终对自己的数据有控制权。用户的健康信息被收集后会被处理成统一格式,保存在统一位置,在传输时还会被加上特殊保护。除了医患之间的必要信息交互,在医疗研究机构需要调用时,信息还会经过整合加密。

这样做可谓"一石三鸟":一是解决了信息鸿沟问题,不同医生、不同机构看到的用户信息是高度一致的,既不会丢,也不会错;二是解决了数据安全问题,最大限度地保护了用户隐私,即使医学研究机构调用经汇总加密处理后的整体样本数据时,也不会泄露某位病人的个人隐私;三是解决了医疗欺诈问题,通过长期数据追踪、多方数据比对,堵住了漏洞,让造假和欺诈无机可乘。

第五章 法则 3 生态构建

随着医疗健康数据的不断丰富完善，研发人员能更为科学地筛选志愿者参与临床试验，加快新药和医疗设备的研究与开发进程。有消息称，美国安进公司[一]（Amgen）就是受益于此，把某新药开发周期缩短了五年，重大突破指日可待。有了更多的数据支撑，监管也能迈进数字时代，更好地判断药物及治疗手段的有效性。

将来，苹果搭建的医疗健康大生态究竟是会一统天下，还是会融入更大的生态系统，还未可知。毕竟除了苹果，其他数字巨头，比如亚马逊、谷歌母公司Alphabet、消费巨头三星和GARMIN[二]，也都非常关注医疗健康领域。

有人认为苹果试图构建的生态系统过于宏大，还有人认为苹果过于乐观，活在不切实际的未来。但他们都想错了。我相信在苹果的努力下，一个无比辽阔的医疗健康大生态将会成为现实。

[一] 安进公司创立于1980年，主要从事人类创新药物的探索、研发、生产和销售，致力于释放生物学潜力，以造福有严重疾病的患者。——译者注

[二] GARMIN成立于1989年，由加里·布瑞尔（Gary Burrell）与高民环（Min Kao）共同创立。注册地为瑞士沙夫豪森，研发总部位于美国。最初以航空GPS导航产品进入市场，而后在航空、航海、车用、运动健身市场都有产品。——译者注

2013～2014年，苹果聘请了许多医疗设备、传感器技术和运动方面的专业人士，还在相关领域进行了股权投资，比如专注干细胞治疗的 Stem Cell Theranostics 就是被苹果收购的创业公司之一。该公司的联合创始人，23岁的斯坦福大学肄业生狄维亚·纳格（Divya Nag）谈起被收购后自己在苹果的工作体验时说，苹果正在"彻底突破传统界限，大胆构想医疗健康行业的未来以及苹果将扮演的关键角色"。

2014年6月，苹果在 iPhone 手机上推出了健康组件"Health"，用以收集手机用户的基础健康及运动信息，例如每日步数等。后来，苹果很快推出了健康平台"HealthKit"，这是一个软件平台，可通过多种来源获取数据，它将数据汇总处理成统一格式后，再提供给独立软件开发者，开发相应的应用程序。再后来，苹果又推出了研究平台"ResearchKit"，同样面向开发者，但目标是促进医学研究。2016年，基因测序公司 23andMe⊖宣布加入苹果生态，将其数据与苹果研究平台打通，与苹果研究平台上的同仁共享自己积累的基因数据。

像苹果手表这样可穿戴的设备，在医疗健康大生态

⊖ 23andMe 是一家基因测序公司，成立于2006年。公司主要为个人消费者提供基因检测和解释服务。——译者注

中起到了不可或缺的关键作用。戴上苹果手表，个人健康数据就可以随时随地实时采集，免除消费者一做检查就得去医院的麻烦，不仅方便随时了解身体健康情况，而且能在通过授权后把数据上传云端。2018年12月，美国食品药品监督管理局（FDA）批准苹果手表上线两大新功能，一是允许苹果利用数据算法监测用户的心律；二是允许苹果整合第四代手表上的电传感器、心电图应用程序和相关算法。这两大新功能都可以帮助及早预警房颤等常见心脏问题。

除了软件与硬件的结合、软件与软件的互联互通，苹果还与保险公司、研究人员、实验室以及业界各个参与方开展了极为深入的合作，其中包括斯坦福大学医学院、纽约大学朗格尼医学中心在内的世界顶级科研机构。它们正在与苹果合作，试图解决抑郁症、自闭症、癫痫、脑震荡、睡眠呼吸暂停等困扰人类已久的问题。约翰斯·霍普金斯大学的两位知名神经病学教授，格里高利·那奥斯（Gregory Knauss）和内森·克罗恩（Nathan Crone）在最近发表的论文中，就引用了苹果手表记录的癫痫发作数据。

美国安泰保险金融集团和美国联合健康集团（UnitedHealth）也与苹果展开合作，鼓励客户多佩戴苹果手表，更好地实现健身目标。有报道称，美国国家医疗保险计划也要和苹果合作开展类似的项目。

在电子病历方面，苹果已完成与 25 家头部医院的对接，合计覆盖美国病床总数的 14%；与数百家其他医疗服务机构和科研实验室也完成了对接。2018 年苹果开了一家员工诊所 AC Wellness Clinic，它也成了数据造福用户的试验田。

与此前搭建的音乐及手机应用生态一样，苹果的医疗健康生态也实现了良性循环。研究人员可以访问更详细准确的数据，作为数据提供方的病患可以更及时地得到病情诊断及治疗方案，各类用户都能更好地把控数据安全，保护自身的隐私。在这样高效运营的数字化生态系统中，每个参与方都能从中获益，相互学习，相互促进，加速医疗健康体系的创新提升。比如，聚焦单点突破的创业公司就可以加入苹果医疗健康大生态，成为"为人类生命全周期"提供整体解决方案的一分子。除了巨大的价值创造，这样的生态系统中没有官僚主义的容身之所，还能够极大地降低成本与风险。

以上是苹果在医疗健康领域的大胆创新。苹果的竞争对手以及医疗健康领域的各类参与方都应当像苹果一样，高度重视生态系统建设。它们可以选择加入别人主导的生态，也可以选择自建。但无论如何都时不我待，必须快速行动起来。比如，布莱根妇女医院⊖（位于波士顿）和妙佑医疗国际⊜等医疗机构，已经开始与 IBM、微软和亚马逊合作，在授权范围内共享患者数据。

经营生态系统，是数字时代必备的领导力

搭建与管理新型生态系统，是数字时代的新议题。既然是新议题，就意味着很难找到现成的领导人才。如何判断谁能堪此重任呢？还是要回到事物的本质。

归根到底，构建生态就是要与文化背景和利益诉求都不尽相同的外部企业建立共生共荣的伙伴关系，既能并肩作战，又能互利互惠。这要求领导者善于沟通协调、制定规则、合同谈判、解决纠纷；精通知识产权，并能设计灵活互惠的分享机制；还能未雨绸缪，为合作不利

⊖ 布莱根妇女医院（Brigham and Women's Hospital，BWH）毗邻哈佛大学医学院，是美国哈佛大学医学院的第二大附属教学医院。在《美国新闻与世界报道》(*US News & World Report*) 发布的全美医院评定中，连续 11 年名列综合排名前十。——译者注

⊜ 妙佑医疗国际（Mayo clinic，旧译梅奥诊所），于 1863 年在美国明尼苏达州罗切斯特创立，以不断创新的医学教育和世界领先的医学研究为基础，建立起了全美规模最大、设备最先进的综合性医疗体系。——译者注

提前设计好退出机制。具备上述综合能力的优秀人才的确非常稀缺，需要精挑细选，慎重决策。如果有幸找到，我建议此人应直接向公司一把手汇报，并应成立专门的团队或部门，负责生态系统搭建及管理工作。

搭建生态系统不是一劳永逸的事。在当今时代，唯一不变的就是变化本身。技术在变，用户在变，用户的期待总是水涨船高；好的生态伙伴也是激烈争夺的对象，维护不好很可能被对手挖角——今天的朋友很可能变成明天的对手。随着生态关系的动态演化，需要敏锐洞察，不断调整，在变化中保持伙伴之间分享与收益的平衡。

经营生态系统是数字时代必备的领导力，需要极大的格局和顶层视角。不是每个人都有这样的能力，也不是每家企业都有所需的想象力和影响力。

千里之行，始于足下。如今枝繁叶茂的亚马逊生态系统，也是从最初毫不起眼的图书电商业务逐渐发展演化而来的。

投入时间去学习了解算法，是非常有益的。学习算法的关键不在于掌握技术本身，而在于认知算法是如何把那些过去想不到、做不到的事变成现实的，比如"低成本＋个性化"的神奇组合。这样的认知，对你打破传统的思维定式，对你大胆发挥想象力，对你构想"能为用户提供极致体验，能为伙伴创造巨大价值的互利互惠、共生共荣的生态系统"，都是非常有益的。基于这样的认知，你才能更加勇敢、更加坚定，才能具备管理生态的基础素质。因为，经营生态系统，是数字时代必备的领导力。

第六章

法则 4　现金创造

盈利模式重在现金毛利，规模助力边际效益递增

在亚马逊发展早期，很多人不理解资本市场为什么会如此追捧一家先是长期亏损，后来是长期微利的企业。短线投资人认为亚马逊被高估了，虽然其股价一直居高不下，但他们认为早晚会被做空，被打回原形。

2013年初，一家大型企业的CEO曾对我说，他认为亚马逊很快就撑不下去了，因为亚马逊的净利润水平一直很低，2012年甚至出现了亏损。

后来的故事，大家都知道了。亚马逊不仅撑下去了，而且净利润突破百亿美元，收入突破千亿美元，市值突破万亿美元。

更为难得的是，亚马逊始终坚持初心，以"为客户创造更好的体验"为出发点，以数字平台为业务核心，不断发展壮大生态系统，继而进一步持续拓展、夯实客户基础。

在驾驭数字时代的盈利模式上，贝佐斯彰显出过人的商业智慧。他敢于无视华尔街的"唯净利润"论，敢于大胆地提出"投资未来比当期净利更重要"。为了确保有足够资金投资未来，亚马逊的业务经营始终围绕着"现金创造"这一主题。

那么，为什么评价数字化企业的经营状况，不应只看净利润，而应兼顾现金流呢？为什么投资未来，比当期净利更重要呢？如果想大力投资未来，资金要从哪里来呢？

追求长期规模效应，边际效益越来越高

数字巨头在其发展初期，几乎都需要大量投资，用于获取客户、创造收入、建设平台、扩大规模等诸多方面，因此其净利润都会十分惨淡。用华尔街最喜欢的指标"每股净利润"来衡量，通常都是亏损或微利，且这样的情况会持续好几年，有的甚至接近十年。

然而这样的长期亏损或微利，不但没有阻挡数字巨头高速发展的势头，反而还有不少投资人愿意为其添柴加火。这是为什么呢？因为这些投资人深深懂得，在数字时代，盈利模式不同，只要超过一定规模，就能坐享规模效应，进而实现边际效益递增的美好前景。

所谓盈利模式不同，其根本差异不在于收入、毛利、净利、融资、现金流及成本结构等基本经营指标——这些指标固然重要且依然奏效，而在于经营数字化企业时，对这些经营指标应如何思考、权衡、取舍，应如何判断轻重缓急。唯有同时为客户及股东创造价值，才能在数字时代取得竞争优势，获得更大的生存及发展空间。

以亚马逊为例，该公司是从图书电商起家的。在发展初期，资金需求相对较小。一是因为业务规模有限，二是因为业务现金流好，客户对亚马逊总是先付钱，而亚马逊对书商则是后结账，通常账期有好几个月。然而，当亚马逊开始快速扩张，不断扩品类、扩地域时，其资金需求就大幅激增。

凡是涉及双边撮合的数字平台公司，在发展初期都需要大量投资，用以吸引用户。比如出行领域的数字巨头优步，就必须同时且持续地获得大量乘客与大量司机，才能保持其自身业务的快速发展及规模扩张。

正是因为方方面面的投资需要，数字化企业在其发展初期，财务报表都不会太好看，甚至会持续好几年亏损，就像亚马逊一样。

然而，对于数字化企业，看其盈利模式时不应只看当期净利，而应看其未来发展。就像本书开头所述，奈飞和亚马逊这样的领先者，一旦做到了巨大规模，每新增一个付费用户，每新增一个第三方卖家，不但不会带来成本增加，反而进一步摊薄了成本，让客户体验更好、客户黏性更强。前期大量投资及规模扩张，后期边际成本就会越来越低，未来边际效益就会越来越高。

从亚马逊经营业绩的演进过程中，可以窥见数字时代盈利模式的新特点。在过去的20多年里，亚马逊一直保持着指数增长，其年收入规模已从1997年的不到1.5亿美元，跃升至2020年的3861亿美元，而且在如此巨大的收入体量上，还保持着38%的增长率。随着业务规模的增长，不仅毛利率从最初的19.5%，一路飙升至2020年的40%，而且净利润也从最初的亏损，变为后来的长期微利，以及2020年的213亿美元。

正是如此具有诱惑力的长期盈利模式，才会如此强烈地吸引懂行的投资人争相追捧、大举注资。

推动持续增长，大力投资未来，经营费用有玄机

相比于传统企业，数字巨头在投资未来方面也遵循着不同以往的法则。它们不仅将自身经营收入中的大部分资金用于投资未来发展，而且还积极对外融资，进一步扩大投资，继而进一步加速增长。

这样的大力投资，无疑会影响华尔街高度重视的当期净利，但数字巨头对此毫不在意。既然其盈利模式是规模效应巨大，边际收益递增，那么当然要持续投资，扩大规模。加速增长，才是它们奉为圭臬的法则。

其实，在数字时代，如果企业在投资未来方面过于谨慎、过于保守，在投资方向、数额及节奏上错失良机，将会制约自身快速发展，导致自身在激烈的市场竞争中处于劣势。

很多传统企业，正处于痛苦的纠结中，进退维谷。一方面，其核心业务正受到越来越强的市场冲击，持续的价格压力导致其收入增长乏力，毛利空间收窄，自身创造现金流的能力降低，急需资金注入扭转颓势；另一方面，拓展新业务，推动数字化转型，也需要大量资金支撑。

在这样艰难的时刻，即便管理层知道投资未来、布局新业务的重要性，核心业务肯定也会挤占绝大部分的企业资源，尤其是资金。我参加过很多企业的高层研讨会，这样的恐惧、担忧和纠结十分常见。

就像一位传统企业的核心业务负责人对我说的那样："公司的现金流都是我的业务创造的，现在我这个业务也是腹背受敌，急需大量的资金投入，否则收入规模就会下滑。怎么能把资金抽出去，投入到充满不确定性且烧钱无止境的新业务中呢？咱们可千万别因为两头都想顾，结果一头都没顾上啊！"

有的传统企业在面对这样的艰难抉择时，毅然选择了把公司一拆为二：对传统核心业务依然保留；对数字化新业务则成立独立的新公司，积极引入外部投资人，获取其投资以支撑新业务的发展。有的甚至更为激进，以壮士断腕的魄力卖掉了核心业务，然后把出售核心业务所获得的资金投入数字化新业务的发展。

2017年，全球第三大汽车零配件制造商德尔福（Delphi）将自己一拆为二，意在更好地聚焦技术创新，更好地发展两种不同类型的业务：一家是德尔福科技，专注动力系统开发；另一家则是安波福（Aptiv），专注自动驾驶相关技术。

谈到拆分缘由，德尔福高级副总裁兼首席技术官格伦·德沃斯（Glen De Vos）表示："我们突然发现，投资人已分为泾渭分明的两派，一派看好动力系统，希望公司持续专注于此；另一派看好自动驾驶，希望公司不断加注于斯。从公司的角度看，我们在这两个业务方向上，发展前景都很好，但放在一起，难免会在资源配置、资金投入等各方面引发冲突。与其强行捏在一起相互影响，不如大刀阔斧拆分，二者独立发展，效果更好。"

全球著名零售集团西田集团[一]（Westfield）的创始人弗兰克·洛伊（Frank Lowy）和他的儿子们则更为激进。

他们清醒地认识到，数字时代已经到来，零售行业格局已发生结构性变化。唯有拥抱变化，才能生存。于是在 2017 年，洛伊家族把该集团旗下的高档购物中心等实体零售业务卖给了法国房地产公司 Unibail-Rodamco SE[二]，自己只保留了一个部门，试图在此基础上实现数字

[一] 西田集团（Westfield）成立于 1959 年，其购物中心遍布澳大利亚、新西兰、英国与美国。该公司创始人弗兰克·洛伊在《福布斯》杂志的澳大利亚富豪榜上名列第四名。——译者注

[二] Unibail-Rodamco SE 是全球领先的地产公司，总部设在巴黎。该公司于 2007 年 6 月由法国公司 Unibail 和荷兰公司 Rodamco 合并而成。如今，收购西田集团后的公司全名叫 Unibail-Rodamco-Westfield，旗下管理三类资产：购物中心、会展中心和办公物业。——译者注

化转型的梦想，打造一家全新的、独立运营的数字化企业。为了确保协同性，收购方在新公司中持股10%。

交易完成后，洛伊父子专注于新公司，希望打造一个为零售商赋能的数字平台，帮助它们有效借助多维信息更好地分析客户数据，形成更为精准完整的客户画像，持续提升经营业绩。新公司名为OneMarket，2018年在澳大利亚上市，于2019年推出了数字平台，并一举网罗了多家知名零售商，其中包括诺德斯特龙⊖（Nordstrom）。

数字化企业深知，在数字时代，要想长期生存，必须抛开当期净利，大胆投入未来发展，为客户打造全新体验，继而创造全新赛道、全新业务及全新收入来源。

现有赛道越来越拥挤，要想突破，必须另辟蹊径。苹果就是这样一家不断推出颠覆性产品，不断开创全新赛道的公司。从iPod到iTunes，再到iPhone和iPad，每一次产品创新都开辟了一条全新的收入增长曲线和一个全新的市场发展空间。每一次产品成功，又为之后的创新积累了技术和经验，积累了资金和团队，从而可以投入更多资源，发展或孵化新的业务。

⊖ 诺德斯特龙（Nordstrom）是美国高档连锁百货店，主要经营品类包括服装、饰品、箱包、珠宝、化妆品、香水、家居用品等。——译者注

亚马逊也是如此,为客户发明创造一直是该公司的座右铭。每次试图为客户开辟一个全新领域,都需要大量资金投入。虽然经历过各种失败,但亚马逊仍然矢志不渝。因为贝佐斯清楚地知道,只要有几个像 Kindle、Alexa 和 AWS 这样的"大成",就能赚回足够的资金,投入更多的创新项目。

比起传统企业,数字巨头还有个巨大优势,即与客户的深度联结。它们可以从与客户的互动中沉淀大量数据,用于分析客户偏好,设计体验升级。这样的努力会让客户满意度更高、流失率更低。随着老客户的持续留存和新客户的不断增长,业务规模提升了,单位成本摊薄了,于是客户体验更好、客户留存率更高,形成了强有力的飞轮效应。

奈飞的发展在很大程度上得益于此。奈飞曾花三年时间潜心钻研,开发出了一套分析视频内容与客户行为及流失率的相关性算法,并依据算法分析结果,持续优化内容,有效降低了客户流失率。

与奈飞一样,不少数字巨头都采取了"用户订阅"的收费模式,比如 Adobe 和亚马逊。这样的订阅收入就像年金保险一样,稳定性好、可预见性强,能有效规避不确定性风险。

对于这样的收费模式，客户流失是致命的。只有持续为客户提供更好的体验，让客户满意、给客户惊喜，才能保证订阅收入的稳步快速增长。要让客户满意、给客户惊喜，就必须持续创新，大力投入。

与传统企业的投入多为固定资产投资不同，数字巨头的大力投入多用于获客的营销促销，用于优化数据算法及数字平台的开发及运维，或是用于提升客户体验的客户运营、流程优化及生态体系建设。

这样的投入虽然数额巨大，但无法像固定资产投资那样作为资本支出（CAPEX），而只能全部作为当期经营费用，即经营支出（OPEX）。

两者究竟有何区别呢？资本支出可以根据使用年限折旧摊销，因而对当期净利影响相对小；而经营支出则被视为当期成本，必须全额计入当期损益，因而对当期净利影响巨大，甚至会导致公司陷入巨额亏损。

既然会影响当期净利甚至造成亏损，还要不要大力投入呢？

财务报表上的亏损会让很多传统企业非常紧张，但数字巨头可不会因此畏首畏尾。为什么如此坚定？因为它们深知，投资未来比当期净利更重要。在数字时代，不大力投资未来，就没有未来。

增强自身造血能力，现金毛利是关键抓手

既然要大力投资未来，就要思考资金从哪里来的问题。对企业而言，只有两条途径：一是自身造血，通过经营创造现金流；二是外部输血，通过股权或债券对外融资。本节先聚焦于自身造血。

总收入减去直接成本就是毛利总额；毛利总额除以总收入，就是毛利率。由于巨大的规模效应，数字巨头的毛利率水平通常远高于传统企业，而且由于前者的回款周期通常较短、库存水平通常较低，其中绝大部分是现金毛利（cash margin）。

比如，亚马逊自2018年起毛利率就高达40%，而沃尔玛的毛利率则长期徘徊在25%上下。鉴于亚马逊的巨大业务体量，仅以2018年收入2328亿美元算，当年的毛利总额就高达937亿美元，即近千亿美元的现金毛利。

在分析企业盈利模式时，毛利率是个很重要的指标，据此能分析定价、折扣、客户复购、产品及服务构成、

生态伙伴支撑、直接成本结构等方方面面，判断企业经营是否运转正常。贝佐斯曾多次提及自己对毛利率的重视，乔布斯也是如此。比如，苹果的毛利率长期在37%～39%之间，是全球所有计算机及手机厂商中最高的。

数字巨头的规模效应不仅带来了高毛利，而且带来了低成本。比如，亚马逊2018年的管理费用占收入的比例仅为1.9%，远低于传统零售同行。这不仅归功于亚马逊指数级增长的业务规模，而且归功于亚马逊对数字平台建设及优化的长期大力投入，大量自动算法及机器人的使用，极大地优化了亚马逊的成本结构。要知道在亚马逊的发展初期，管理费用占收入的比例也曾一度高达18.9%，⊖与沃尔玛目前的水平类似。

丰厚的毛利率及持续优化的成本结构，为数字巨头创造了强劲的自身造血能力，带来了充裕的现金流，有力支撑了其对未来的大力投资。截至2020年12月31日，亚马逊账面现金高达361亿美元；苹果账面现金则高达488亿美元，如果加上短期证券投资，其现金、现金等价物及可快速变现的短期证券投资总额已超过了2000亿美元。

⊖ 亚马逊2000年的管理费用占收入的比例高达18.9%。——译者注

有志于推进数字化转型的传统企业，必须下决心彻底改变原有的成本结构。过去的成本结构是从工业时代沿袭而来的，数字时代的科技进步与效率提升，必将带来客观的降本空间。

以银行业为例，过去业界认为，总费用率（总支出/总收入）在 50% 左右是合理的。但美国一家正在推行数字化转型的银行，已把总费用率的目标定在了 35%。它当然知道，一味照搬过去的老办法肯定无法实现如此激进的降本目标，唯有借助数字技术，大胆创新突破，才有可能成功。这家银行的 CEO 认为，不能永远依赖当地监管的庇护，要想提升自身的竞争力，必须锐意进取，改变决策流程，杜绝低效浪费。在全球其他国家，不少银行也制定了类似的降本增效目标。

数字化企业的成本优势，还源于其扁平的组织架构和高效的组织管理。我们会在第七章详细介绍。

对外融资，一定要找懂行的投资人

在数字时代，资本对企业发展，尤其是初期发展，变得比以往任何时候都更为重要。有强大的自身造血能力固然好，但在发展初期或是需要大举投资抢占先机的关键时期，对外融资可能是企业必不可少的有效途径。

具体的融资形式可以多种多样，但核心要点是一致的——找投资人，必须找那些懂你的、懂决胜数字时代六大法则的人，这样才能与你志同道合，给予你长期有耐心的支持。

懂行的投资人在哪里呢？

2016年，软银宣布成立愿景基金，计划募集1000亿美元，帮助有潜力成为数字巨头的初创企业加速发展。当时，不少人怀疑孙正义能否融到这么多钱，更怀疑他能否找到这么多好的投资机会，把这么多钱投出去。

结果出乎很多人的意料，孙正义不仅募集到了所需资金，而且很快完成了投资。在融资方面，软银自己出资280亿美元，沙特阿拉伯主权财富基金及阿布扎比主权财富基金出资数十亿美元，再加上其他知名机构投资人，很快完成了千亿美元的募集。

在投资方面，软银愿景一期基金投了88家数字化企业，其中包括2018年卖给沃尔玛的印度本地电商Flipkart公司，仅此一笔就获得了高达60%的回报。

孙正义意在为初创企业提供巨额资金，推动它们加速成长，待其上市后退出，以获取其快速增长带来的丰厚投资回报。

像软银愿景基金及红杉资本这样的一线私募投资基金，无疑是颇为懂行的投资人。

当然，并非每家企业都能募集到资金并发展壮大。比如前文提到的OneMarket，2018年在澳大利亚上市后，境遇不佳，一是因为第一年烧钱太猛，二是因为客户不买账——与诺德斯特龙的合同就未能续约。投资人渐渐心灰意冷，虽然洛伊家族试图寻找买家出售公司，但尝试未果。不管该公司的产品方向对不对，都没能赢得投资人的芳心。

如何赢得懂行的投资人的持续支持呢？奈飞的实践可供大家参考。

前文讲到的流媒体大战，自2019年10月下旬开始日趋白热化。迪士尼基本完成了对Hulu的控股，旗下"迪士尼+"的流媒体服务也即将启动；苹果首发了Apple TV+；华纳媒体宣布旗下的流媒体平台HBO Max将于2020年5月正式运营；NBC Universal也不甘寂寞，宣布要推出一款名为"孔雀"⊖的流媒体平台。

⊖ 之所以起名为孔雀，是因为NBC的商标就像开屏的孔雀。——译者注

由于内容巨头纷纷加入流媒体大战，外购内容版权变得越来越贵，且越来越缺乏差异化竞争优势。为了迎接各方挑战，奈飞宣布大幅追加对原创内容制作的投入。其实奈飞在这方面的投入历来不菲，2018年已高达130亿美元，2019年又增长至170亿美元，并计划在全球多地布局线下拍摄基地，其中包括美国的纽约及阿尔伯克基[一]、英国的萨里以及加拿大的多伦多。

如需加大投入，资金从哪里来呢？从自身造血能力上看，虽然奈飞早已实现盈利（2018年净利润高达12亿美元），但从经营性现金流上看（2018年经营性现金流净额为−26.8亿美元），依然需要大量对外融资。2019年4月，奈飞成功发行了12亿欧元和9亿美元的高收益债券，并表示未来还将继续以债券形式对外融资。

市场竞争如此激烈，为什么投资人还力挺奈飞呢？因为虽然巨头纷纷入场，但奈飞在用户数量、内容广度和用户忠诚度方面，都无疑是行业霸主。而且从行业特性来看，原创视频内容的制作的确在现金流上存在着时间差；不仅是投入在前，回报在后，而且制作、发行、传播及引爆等各环节中间的时间差很可能需要横跨好几

[一] 阿尔伯克基，位于新墨西哥州，是美国新晋的影视拍摄基地之一。——译者注

年。更为重要的是，如同其他数字巨头一样，放眼长远，行业霸主往往能享受到巨大的规模效应，实现边际收益递增的盈利模式。

除此之外，数字巨头自己也变成投资巨头。根据《华尔街日报》2018年5月15日的报道，自2013年以来，腾讯已先后投资了277家创业企业，仅2017年就投资入股了80多家企业，持有股份价值高达330亿美元。腾讯的投资对象基本都是科技前沿公司或快速增长企业，它们既可以分享腾讯的成功经验，也可以为共同的数字生态的建设做出贡献。

对于数字化创业企业，能找到志同道合的投资人，并得到它们的资本加持，本身就是极大的竞争优势。其实，这些投资人也正在持续寻找极具发展潜力的创业企业和已经崭露头角的领先企业，希望从中发掘新一代的数字巨头，构建新一轮的数字生态。

无论身处哪个发展阶段，懂行的资本加持都能为企业赢得先机。

第七章

法则 5　组织变革

打破层级，打造敏捷组织，
独立项目小组加速业务创新

　　相较传统企业，数字化龙头企业的敏捷组织，已成为其强有力的竞争优势。数字化组织能做到真正以客户为中心，快速响应客户需求，持续为客户创新创造。数字化组织往往从人才到文化、工作模型，都充满速度与激情，既有纪律约束，又能激发每个人的想象力，还能同时为客户、生态、股东和员工创造价值。

　　扁平化是很多数字化组织的显著特色，其组织层级通常只有三四层。即便是亚马逊这样规模巨大、业务多元的数字巨头，从不少核心高管往下数也就三层。很多重点业务工作都是以"跨职能项目小组"的方式完成的。亚马逊全球消费者业务前CEO杰夫·威尔克（Jeff Wilke），将其称为"独立的单线程小组"（separable single-threaded teams），对项目从最初创意到交付运营的全过程负责。与项目成败相关的核心成员，无论来自哪条业务线，都要全职加入，全程专注于项目目标，不受其他事务打扰。把复杂业务化整为零，充分授权给这样的项目小组，能极大提升组织效率，使决策既快又好。

此外，数字化组织还充分借鉴了软件开发领域的敏捷方式，利用数字平台基于数据的快速反馈，帮助项目小组加速创新，有效缩短了创新周期，降低了创新风险，实现了从概念到原型——最小可行产品，再到上线的快速调整与迭代。

组织形式只是因素之一，要想真正形成战斗力与竞争优势，还要在人的方面下功夫。领先的数字化企业都非常重视人员招聘及干部选拔，不但看能力与才华，还看价值观与行为模式。富达投资的个人投资业务在数字化组织变革过程中，也采用了项目小组的组织形式，其总裁凯西·墨菲（Kathy Murphy）及核心团队在选拔项目小组负责人方面，投入了大量的时间精力，深入细致地研究了数百位候选人，确保他们能带领团队解决问题，为团队赋能创造价值，倡导坦诚透明的组织文化——充分借助"同步对话"的沟通形式,让每位团队成员同步沟通、同频思考,提升参与感、施展想象力,促进突破,打胜仗。本章后面会详细拆解富达投资的案例。

数字技术更是让数字化组织如虎添翼。有了算法,常规决策可以自动完成;重大决策则有大量数据指标做依据。比如,富达投资制定了 1000 多个各级指标,亚马逊的指标多达 62 页,而且还在不断迭代。

数字平台的实时数据是组织透明的保障,能帮助项目小组快速发现问题,快速同步共识,快速自我纠错,无需太多的人工监督管理。因此,各级领导及骨干员工大可不必身陷繁重的日常事务,从而把宝贵的时间和精力投入自己感兴趣、对组织有意义,还能充分发挥专长、持续成长提升的领域。

其实,iPhone 就诞生于这样的项目小组,该小组承担的项目被命名为"紫色项目",成功前在苹果长达两年鲜有人知。

数字化企业的组织创新,比如压缩组织层级,组建敏捷小组,重视选人用人及文化建设,加上实时数据、指标分析等技术赋能,极大促进了创新与执行的效率,令很多传统企业望尘莫及。

传统企业当然也想更加扁平化，也想压缩组织层级。毕竟，有的组织层级多达七八层，甚至有家收入在千亿美元量级的大型企业，组织层级竟然多达十五层。有的CEO希望借由COO及CFO扩大管理幅宽，砍掉一两层。然而，只在组织层级一个维度上做文章是不够的。

不少传统企业也搞了跨职能项目小组以及各种跨职能的委员会，然而其成员往往是兼岗兼职的，同时背负着各自部门的关键业绩指标，实在是分身乏术，很难心无旁骛地专注于此。这样的跨职能组织，并没有替代原有的组织架构，反而是在原有组织层级上叠床架屋；加之不少委员会阵仗巨大，动辄三四十人，行动相当迟缓，很难快速做出必要的决策。

还有企业试图通过矩阵式管理、部门项目双线汇报来打破部门竖井；有的甚至出现了大矩阵套小矩阵的组织形态。然而这样的复杂结构，貌似精密，实则模糊，既看不清业务重点，也搞不明职责分工，往往让人无所适从。

上述传统方式不能带来数字化组织的速度与灵活性，也无法让企业聚焦于客户，为客户持续创新。这意味着，传统企业如果不能破釜沉舟，重塑组织，将在这个快速变化的数字时代中，在与快速迭代的数字化组织的竞争中，处于结构性劣势。

除此之外，传统企业在人才吸引方面也日益乏力。年轻人往往更愿意加入数字化组织，投身于自主性更强的项目小组，从头到尾、心无旁骛地把事情做好。他们希望对自己的工作更有掌控力，不必凡事都得走流程，层层上报，层层审批，否则不但费心费力，还经常被一拖再拖。尤其是当今时代相当紧俏的高科技人才，相比前辈，他们更加在意工作环境，更加看重企业在重大社会议题上的立场与价值观，比如可持续发展、"Me Too"⊖等。如果三观不合，再丰厚的薪酬也难以令其动心。

当然，并非每家数字化企业都是敏捷组织的典范，也不是每家传统企业都注定走向衰落。关键在于拥抱数字时代的组织变革、打破组织层级、提升决策效率、推动持续创新、加速卓越执行，真正做到以客户为中心，提升客户服务与体验。唯有这样，才能把组织打造成自己的竞争优势。

⊖ "Me Too"为2017年开始，发源于美国好莱坞，继而席卷全球的反性骚扰运动，呼吁所有曾遭受性侵的女性挺身而出，在社交媒体上发文讲述自己的经历，以引起社会的关注。——译者注

富达投资：传统企业的数字化组织变革

2014年秋的一个周日，富达投资总裁墨菲邀请我去她家聊聊。墨菲于2009年加入富达投资，这家公司当时已经是业界领军企业，长期致力于为客户创造价值。在数字时代，它也不甘落后，不断尝试新技术，持续提升客户体验。然而这些浅层尝试，并不能打消墨菲深层的紧迫感及危机感。在我们一番长谈后，墨菲下定决心推动组织变革，要把富达投资这家历史悠久的传统企业，打造成真正意义上的数字化组织。

对那天的交流，墨菲至今记忆犹新："当时我们聊了遍及全球的数字化企业，得到了几点洞见。一是数字化企业在响应客户需求、创新客户体验方面行动力惊人；二是有些数字化企业，虽然规模还很小，却在颠覆整个行业。

"而我们自己以及我们的传统竞争对手，还在依照过往模式，凭着惯性运转：虽然嘴上喊着重视客户服务，以客户为中心，但组织形态还是以产品为中心，天天琢磨的还是如何卖产品、卖服务。从业务增速来看，虽然还能甩开老对手一截，但没有实质上的突破。与此同时，新晋的数字化企业正带着全新视角涌入我们的赛道。它们对客户需求的深刻洞察、对客户体验的不懈追求、对数字技术的娴熟掌握，必将对我们形成重大冲击。

"对此，我们必须保持高度警醒，必须敢于挑战自我。我们过去非常成功，现在也是业界翘楚，然而时代变了，我们必须重新思考：怎样才能更快、更便捷地为客户创造价值，提升组织运营速度，颠覆客户体验，创造增量，拓展市场空间？"

在很多传统企业里，既有的组织架构及企业文化成了组织变革的拦路虎，富达投资也不例外。如何找到破局点呢？一项关于工作时间的研究分析让墨菲豁然开朗。她安排两位下属，以一条业务线为例，分析该部门每个人的时间安排。

结果发现，近百人的团队，平均每个人同时在做十项不同的工作，而且经常彼此间的十项工作还各不相同。甚至在每项工作中，每个人也都是各管一段，完成了自己的环节，再流转到下一个环节。于是，全公司不得不需要很多大型的项目会议、很多厚厚的PPT汇报材料，让必要的信息同步以及必需的团队协同有序发生。有时还需要成立专门的"业务分析团队"，来跨越部门竖井，促成横向协同，比如业务与技术的协同等。有时，在产品开发过程中，市场营销部门在工作后期才加入，它在面对明知不符合客户需求的产品时往往会纠结,究竟要不要指出问题——因为一旦指出,前期工作就可能全白做了,而且势必会影响上市时间。

为何不像数字化组织学习,成立独立项目小组,一次聚焦一个客户目标的达成呢?

2016年下半年,墨菲在富达投资启动了试点。她将100名员工抽调出来,组成10个项目小组,每组负责一个明确具体的客户目标。达成客户目标所需的所有专业人员,如设计、开发、技术、营销、合规等专业条线上的人员,都全职进组,从头到尾地全程参与,心无旁骛地专注于此,直至客户目标达成。

试点成果喜人,不仅客户目标全部达成,而且所需时间仅为过去的1/4。于是,更多这样的独立项目小组成立了。

"客户服务数字化"便是其中的一个小组。该项目小组的目标是,帮助客户自助完成账户余额的查询、投资组合的调整,不必凡事都得给客服中心打电话。与第一轮的10个试点项目一样,该项目也快速取得了成功。两轮试点下来,大家发现,当团队成员能够全职投入,不被其他工作打扰时,不仅推进速度能大幅提升,而且能有效简化客户流程，提升客户体验。

不但如此，公司也从中受益颇丰，一是高达数亿美元的成本节约，二是合理分配客户经理的时间，客户服务数字化能使其从繁杂琐事中抽身出来，投入对客户价值更高的工作。

富达投资的组织变革无疑是成功的。事实证明，独立项目小组让这家拥有 70 年历史的企业，走上了创新加速的康庄大道。参与独立项目小组的团队成员也对此倍加推崇，他们不仅可以享受更高的自由度，而且可以更具自主性地推进工作。很多事都能自己决策，不再需要层层审批，也不再有各种没完没了的会议。

好体验就是活广告，独立项目小组制很快就在公司传开了，没有参加试点的员工颇为向往，纷纷询问：我们这里为什么还不实行呢？本以为组织变革会遇到阻力，没想到在那段时间，墨菲竟花了不少工夫安抚没有参加试点的伙伴。

积极正面的试点反馈，让墨菲做出了全员推广"独立项目小组制"的决定，并在此基础上紧紧围绕数字化企业的成功秘诀"以客户为中心"，坚定不移地聚焦"端到端客户体验"，迭代升级了组织变革。

以客户为中心，重塑客户体验，倒推组织架构

回想当年为何加入富达投资，墨菲主要提及三个原因：一是价值观；二是优秀团队；三是富有远见的领导层，秉承以客户为中心的宗旨，敢于挑战传统，突破自我。2007年的美国次贷危机，引发了持续3年的经济衰退；衰退之后，客户需求及期待已悄然发生了变化。凭借公司领导层的有力支持，墨菲开启了对客户新需求及新期待的研究、对新产品及新服务的探索，并在这个过程中，持续将"以客户为中心"的企业文化发扬光大。

为了更好地深入研究，墨菲和她的核心团队调研了数千位直接服务客户的一线员工。他们不但分期分批地与后者面对面座谈，还深入工作一线，听取这些员工的客户观察及反馈意见。此外，他们还花了大量时间听客户的来电录音。时至今日，墨菲本人还坚持每月听20小时的客户来电录音。

在内部调研的同时，他们也在关注外部动向。比如，亚马逊、奈飞、谷歌这样的数字化企业，正在以全新的方式与客户直接互动，不断优化客户体验、提升客户预期。对比之下，富达投资为客户提供的传统服务提升，实在是相形见绌。

面对数字化企业的强有力冲击，墨菲知道，唯一的破局之道就是"下苦功夫"。2014年，富达投资为此成立了专项工作小组，以全新的视角、更细致的颗粒度，深入研究客户，精准描述客户。

功夫不负有心人，经过不懈的努力，富达投资勾勒出了"三类典型客户画像"：苏西、萨利和哈里。

工作小组第一个攻克的是"苏西"——一位37岁的职业女性，已婚，有两个孩子，住在费城郊外，每天坐火车通勤，熟悉互联网，习惯用手机，有点投资经验。聚焦苏西的目标很明确，因为从行业传统来看，这类客户往往没有被充分重视，是富达投资突破创新的重大机会所在。

工作小组对苏西的研究极为细致深入。在长达6米的会议室墙上，密密麻麻地记录着苏西生活的点点滴滴，有文字也有图表，有整幅大图也有记事贴。拆解来看，其中记录着苏西的客户旅程以及量化描述的核心痛点、苏西在财富管理方面的各种需要的优先级、关于苏西与富达投资所有互动的按时间轴编制的一览表，并描述了保留不同体验对其业务的影响。除此之外，工作小组的各项工作进展及其相互影响，也在墙上清晰列示出来。

随着项目的推进，会有专人负责跟进更新。

墨菲希望全公司每个人都"认识"苏西，都能做到角色转换——"把自己当成苏西"，真正以苏西的视角审视一切。这面墙记录着有关苏西的一切，是走进苏西内心世界的大门。

客户画像并非富达投资独创。很多公司都会这么做，其中不乏引入咨询公司的。但平心而论，能做到富达投资这样细致深入的，真是凤毛麟角。深入一线，持续挖掘，直接观察客户体验而非通过常见的客户座谈，企业能够获益更多、加深客户洞察，更有可能抓住貌似微不足道但极为重要的关键细节。

在完成了对"苏西"的研究后，项目小组又如法炮制，认识了"萨利"。苏西住在费城，是一线城市居民的代表，而萨利位于亚利桑那州斯科茨代尔市——典型的三线城市；萨利的年纪也比苏西大，刚刚退休，丧偶独居，对财富管理的需求也更为复杂。

至于第三位客户"哈里"，则是一个交易非常活跃的青年男性。

通过对苏西、萨利和哈里的深入研究，富达投资描绘出了高度具象化的客户画像，使其成为后续所有工作的基石：无论是讨论决策新举措、新产品，还是新业务，都要以这三位客户为中心，打磨迭代端到端客户体验。

正是基于这样的认知，富达投资启动了大刀阔斧的组织重构。它打破了原先科层式的组织架构，以客户为中心，组建了180多个独立项目小组，组织层级也由过去的八层压缩为三层。

对于富达投资的组织变革，我从头开始观察了整整六年。可以说，它真正完成了从传统企业到数字化组织的转型，并由此赢得了数字化企业独有的竞争优势。在组织变革实行一年后，其推出的新产品、新功能和新服务，同比增长了50%；不但收入和利润双双创历史新高，市场份额也在持续提升，进一步增强了相较于竞争对手的领先优势。到了第二年，创新进一步加速，同比增长了130%。

富达投资加速创新的秘诀是什么呢？墨菲认为，是"真正以客户为中心，站在客户的视角思考，客户想要的个性化体验是什么，什么是过去难以想象但现在利用数字技术可以实现的"。她说："这样一来，不仅创新加速，而且为客户创造了很多新的价值。"

富达零费率指数基金（Fidelity ZERO），就是典型的创新成果。

墨菲告诉我："基于上述指导思想，富达投资决定推出零费率指数基金产品。负责该产品的独立项目小组仅在6周内，就完了产品设计及财务测算，并于2018年获得公司最高层的决策支持；从创意提出到最终上市，可谓一路畅通（仅在监管审批环节有所延误）。该产品如平地惊雷，推出当天竞争对手的股价便重挫5%。"

成功推出零费率指数基金，只是富达投资数字化组织变革后的第一步。在此基础上，富达投资进一步加速创新，一系列新功能、新体验及新产品大大降低了门槛，让个人投资更加便利，让更多民众能从富达投资专业化的财富管理服务中受益。仅此一举，富达投资的市场规模便扩大了10倍，后续发展潜力及成长空间更是不可限量。

以敏捷为抓手，搭建三层项目型组织

即便是亚马逊这样最典型的数字化企业，其内部也有组织层级较多的成熟业务板块，比如仓储运营和第三方平台等。然而，凡是涉及为客户创新创造的核心领域，独立项目小组就会是主流的组织形态，从贝佐斯往下数到一线员工，组织层级通常不到四层。

在全员推行数字化组织变革，组建独立项目小组的过程中，富达投资借用了敏捷组织的理念原则及话语体系。当然，理念原则要比话语体系更为重要。富达投资改革后的层级，总裁之下仅有三层（见图7-1）。

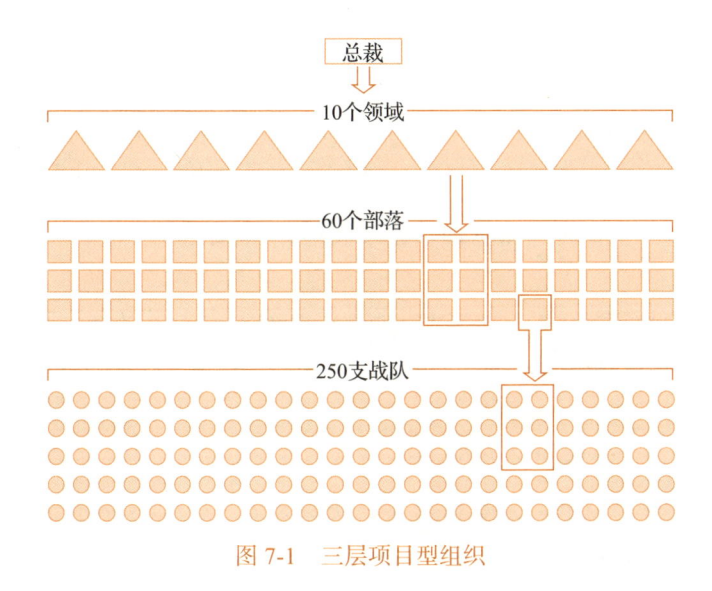

图7-1 三层项目型组织

第一层，被称为"领域"（domain），共有10个，分别负责某个战略目标。比如，聚焦服务"萨利"的财富管理业务、聚焦服务"苏西"的数字化财务规划业务、聚焦公司整体技术架构实现"上云"的专项工作，以及沿袭传统方式的销售团队管理和后台运营等，都属于不同的"领域"。

第二层，被称为"部落"（tribe），共有60个，平均每个领域由6个部落组成，共同负责达成该领域的战略目标。比如，"财富管理"领域下属9个部落，分别专注于诸如"财富规划""退休及可持续收入解决方案"等某一项具体的财富管理工作。

第三层，被称为"战队"（squad），共有250支，每支战队通常由10～15名来自不同职能条线的成员组成，专注于某个具体目标的达成，即前文所述的独立项目小组。比如，"财富管理"领域大约有60支战队。

这样一来，总裁（墨菲）之下的组织层级仅有三层：领域、部落和战队。

富达投资创新加速的秘密就在于，每支战队都是独立项目小组，大家聚集于一处，全职参与，全心投入，目标明确，独立自主。每支战队效率的大幅提升，叠加在一起，就带来了组织创新速度的飞跃。数字化组织变革之前，办公室都是一个个小格子间；变革之后，办公室成了开放空间，会议桌有高有低，便于大家随时聚在一起交流探讨。就连总裁也搬出了独立办公室——墨菲的工位，就在开放空间的一角。

这样的开放环境，这样的组织方式，对千禧一代的年轻人和技术极客们都非常有吸引力。这让富达投资在争取优秀数字人才方面，足以和谷歌、脸书这样的科技巨头竞争。有意思的是，不但年轻人喜欢，"老派"一线员工也都颇为向往。说来也是，能有更大的权限、更紧密的团队协同、更快的工作推进速度，谁不愿意呢？

"财富管理"是富达投资十大领域之首，资产管理规模高达万亿美元。谈到数字化组织变革，其负责人拉姆·萨布拉曼妮安（Ram Subramanian）说："现在，相关同事就坐在你旁边，有什么问题，马上就能得到反馈。不像以前，那时问题要到最后才被发现，最快也得等上8周。"

协同与管控是很多大组织的老大难问题。在当今时代，借助数字技术，这个问题可以在很大程度上予以缓解乃至解决，不少创业公司及数字化大企业都有相应举措。如果能做到信息全透明，即所有授权员工都能同步收到相关信息，在理论上甚至可以做到组织层级为零。

为此，富达投资从微软及亚马逊等数字化龙头企业挖来了近百名数据科学及数字技术方面的顶级专家，其中15名负责搭建数字中台，提升信息在组织中的流动速度及透明度。仅用时三个月，富达投资的"数字化驾驶舱"就成功上线，可以一目了然地看到所有战队的实时信息和公司整体的实时状况。

为了更好地管理项目及相关战队，富达投资以第三方协同软件 Jira[一]为基础，搭建了项目管理系统，它不但能实时跟进项目及战队的推进情况，还能自动发现问题，并主动发出预警，提醒相关人员及时解决。

除此之外，富达投资还采用了 Jira Align，帮助公司高层做好战略规划、工作分解、项目管理及实时跟进。用它不但能看到每个战队的工作任务、推进速度、是否存在延期风险、团队成员是否满意，还能洞察战队之间、项目之间的内在逻辑及相互关系，以判断是否需要调整优先级，或做出其他形式的干预。

数字技术无疑能让数据更实时，让信息更透明，但真正把组织凝聚在一起形成战斗力的，还是人。

富达投资把敏捷组织的方法论落实到了每个战队上。每天早上，由敏捷专家[二]协助每个战队开早会。早会只有

[一] Jira 和 Jira Align 都是澳大利亚 Atlassian 公司出品的项目规划与追踪工具。Jira 重在跟进执行进展，便于开发团队进行缺陷跟踪、客户服务、需求收集、流程审批、任务跟踪、项目跟踪和敏捷管理等工作。——译者注

[二] 敏捷专家（scrum master）与敏捷教练（agile coach）：两者本质类似，只是在大多公司的实践中，前者倾向于指公司内部的辅导团队的专业人员，后者倾向于指外聘的辅导整个组织的专家。——译者注

15分钟，大家都站着，主要目的是在敏捷专家的指导下，就整体目标、各自工作及交付时间达成共识，识别彼此的相互依赖及相互影响，发现并排除过程中的困难或障碍，确保战队各项工作按时按质地稳步推进。

除了深入各个战队的敏捷专家，在部落层面还有理论与实践兼备的敏捷教练，帮助部落负责人做好部落层面的协同与管理，确保部落整体目标的达成。在数字化组织变革的初期，这些敏捷教练和敏捷专家，把部落及战队领导们快速"扶上了马"；随着敏捷理念的深入人心、敏捷技能的不断提升，他们又引导大家循序渐进，持续进阶。

那么，如何在领域及整个公司层面上促进高效协同呢？富达投资的方法叫"大型规划会"(big room planning)。首先会议房间很大，每个季度，全公司近百名各级负责人齐聚大会议室，系统性地分析审视彼此工作间的协同需求及依存关系。其次规划范围很大，刚开始时，这样的大型规划会非常耗时耗神，一次梳理经常长达两天。随着对规划方法的掌握，对潜在问题的捕捉，对相互冲突的理解，往往几个小时即可速战速决，而且现场发现问题、现场解决冲突的研讨过程，还能让大家充满热情与动力。

以人为本,高度重视领导选拔与人才培养

数据指标及数字化驾驶舱,的确能帮助大家在工作中步调一致,高效协同,但要充分激发员工的潜力,还须增强整体意义感,树立主人翁意识,让大家在工作中充满个人成就感。如果各级领导还帮其排忧解难,化解各类矛盾冲突,那么员工体验会更好,满意度会更高。

自上而下强制推动的组织变革往往会遭受员工抵触,但富达投资自下而上,以跨职能、敏捷的"独立项目小组"的渐进式试点,通过实实在在的成效令大部分员工心生向往,欣然接受。

2017年年中,随着试点大获成功,墨菲认为时机已经成熟,于是下定决心全员推行数字化组织变革,全面实施"三层项目型组织"。为了加速推动组织变革的进程,她邀请了波士顿咨询公司,帮助富达投资在2017年年底前完成所有相关准备工作。波士顿咨询公司的董事总经理兼高级合伙人莫尼什·库玛(Monish Kumar)回忆称,自己在7月4日——美国国庆日,接到了墨菲的电话,"她这个时候找我,显然不是聊假期安排,而是下定决心,要大干一番"。

墨菲的目标是在2018年新年伊始,将组织变革落实

到位,"要以全新的姿态,迎接新年的到来"。时间紧迫,事不宜迟,库玛及其咨询团队立即行动。

从试点启动至今,富达投资已探索出如何以客户为中心,倒推组织架构;如何以敏捷为抓手,构建由领域、部落及战队组成的三层项目型组织;以及如何在基层实现这样的"独立项目小组"。正如墨菲所言:"我们已经摒弃了'以产品及职能为中心'的传统组织模式,坚定地转向'以客户为中心'的组织模式,不断地强化'痴迷客户'的理念指导。"

组织变革的最终成功,不仅要有好的理念指导,而且要有好的组织氛围及人际互动。如何做到呢?关键在于选择正确的团队领导。

数字时代,精英人才不同以往。他们是德鲁克所说的"知识工作者":有很强的自驱力、主动性,愿意学习新知识、解决问题、做出贡献,渴望受到尊重、得到倾听、体现自身的价值、受到公平的对待。传统领导控制欲太强,与他们格格不入。

数字化龙头企业在初创阶段,大多靠这样的精英人才发展而来。他们是各大企业争夺的宝藏,为此,各大企业不仅提供了丰厚的薪资奖金及股票期权,而且在工作环境及工作自由度上做足了文章。从表面上看，各种待遇的确诱人，但从实质上看，数字化组织在如何留住用好精英人才方面，与传统企业采用了完全不同的方式。

富达投资对此深有洞察，因此在组织变革中对各级团队领导的选择方面，尤为认真审慎。它特别看重管理人才在担当领导岗位时，能否在团队中真正为团队赋能，促进协同，带领这些精英人才打胜仗；能否在团队外，有力支撑乃至承担更大的领导责任。正如莉兹·怀斯曼[一]（Liz Wiseman）在著作中所提倡的，富达投资认为，要确保组织变革成功，必须找到具有"乘数效应"的管理者，能把各路精英凝聚起来，激发他们组成有战斗力的高绩效团队。按照这样的指导思想，富达投资高层在组织变革中投入了大量时间精力，为每个战斗单元都找到了合适的团队领导。

所有人都要竞争上岗，没有人可以躺在过去的功劳簿上。各个领导岗位的候选人，除了要做 360 度评估，

[一] 莉兹·怀斯曼（Liz Wiseman），杨百翰大学和斯坦福大学的客座讲师，曾任甲骨文公司高管，在领导力和集体智慧的研究上颇有建树，为全球高管提供咨询和教练服务。她著有多本领导力领域的畅销书，代表作有《团队赋能：打造快速成长的高效能团队》（*Multipliers*: *How the Best Leaders Make Everyone Smarter*）和《乘数效应：发现学校里的天才》（*Multiplier Effect: Tapping the Genius in our Schools*）。——译者注

还得经过两名高管的面试。整个考察遴选过程持续了一个月，所有高层都全力投入其中。

到了最后决策的关头，整个高管团队开了足足两天的研讨会，审核了1500名候选人的详细情况，其中包括360度评估、历史业绩以及面试记录等参考资料。墨菲回忆说："我们对每个人的情况做了详尽的分析、全面的汇总和整体的展示，并就每个岗位的每位候选人做了深入的研讨。

"我们深知，能否选对团队领导对组织变革能否成功至关重要。要是真想成功，就必须选对，就必须敢于做艰难的选择。这是对我们变革决心的考验。

"在最后决策中，我们最看重的不是他们的现有技能，而是他们能以全新的方式领导团队，能成为具有'乘数效应'的领导人才，能真正赋能激发他人，打造有战斗力的团队。以此为准绳，我们果断淘汰了一些不能适应未来的'历史功臣'，以及不求有功但求无过的碌碌之辈。"

财富管理领域负责人萨布拉曼妮安补充道："与此同时，我们还大胆提拔了一批人。他们可能对具体产品或具体业务的了解还不够深入，但是已经展现出极强的协同能力及利他之心，而且非常善于从客户的角度思考工作。正是因为改变了选拔标准，新人才有机会涌现出来。在新的组织架构中，有1/3的战队负责人是根据这个思路得到提拔的。"

富达投资高层在团队领导选拔上的认真审慎，得到了积极反馈。墨菲说："在选拔结果宣布后，有位战队成员对我说'最早听说要组织变革，我还心存疑惑，不知道你们是不是玩真的。但当我看到凯特被选为战队负责人时，我就意识到，你们是认真的，这事儿靠谱'。来自一线的反馈让我更加坚定了。"对于为什么特别提到凯特，墨菲解释说："别看凯特平时柔声细语，工作风格一点都不强势，不像传统意义上的所谓优秀领导，但我们发现她能凝聚团队，激发他人的潜力，后来她也确实做得非常出色。"

2018年1月3日，富达投资开始全面执行组织变革。墨菲提醒大家，虽然形式上已完成了切换，但要跑通跑顺，还需要时间，现在只是"试运行"。在最初的几个月里，还需要反复强调，授权赋能并不意味着自由放纵、想怎样就怎样；作为整体组织的一部分，各个战队、各个部落还是要按照既定目标，保持步调一致，按时按质交付成果。组织变革的第一年，富达投资完成了平稳过渡。变革得到了绝大部分员工的认同，他们都认为工作比过去得到了大大的提升。

榜样的力量是无穷的,业务团队的组织变革带动了中后台职能条线,连内审都开始采用"独立项目小组"的方式推进工作。时至今日,数字化组织变革已深入整个富达投资的方方面面。

除了领导选拔,还要重视人才培养,尤其是数字化企业特别强调的永葆好奇、持续学习。

在很多传统企业,员工成长通常局限于某一专业条线,比如销售、营销、财务、IT等。同一条线的垂直发展,虽然在职级上有所晋升、在专业上有所深入、在处理复杂问题上有所精进,但很难形成全局视野,对企业经营很难形成全面的理解。

在数字化组织变革中,传统的专业条线被打破,不同专业的员工进入了不同的领域、部落和战队,与背景各异的伙伴们并肩作战。敏捷扁平的全新组织极大提升了各个团队的战斗力,有助于员工发挥各自所长,持续为客户服务及业务发展做出贡献,并因此获得更高的回报。从做事的角度来看,这样的组织形式极具吸引力,但从个人成长的角度来看,不免令人感到迷茫,自己的专业怎么办,如何确保持续提升,如何获得晋升加薪,如何才能有更好的发展前途？因此，要想组织变革真正深入人心，必须从技能、专业及个人发展的多个维度，为员工规划好职业发展的全新路径，让他们安心。

为了加强人才培养，富达投资在此前设计的三层架构基础上，增加了"分会"（chapter），即敏捷组织中针对不同专业条线，专门设置的横向组织（见图7-2）。同一战队的小伙伴根据各自专业，分属不同的分会。帮助分会成员提升专业技能、拓宽专业视野，并持续跟进辅导，是分会领导者的职责所在。

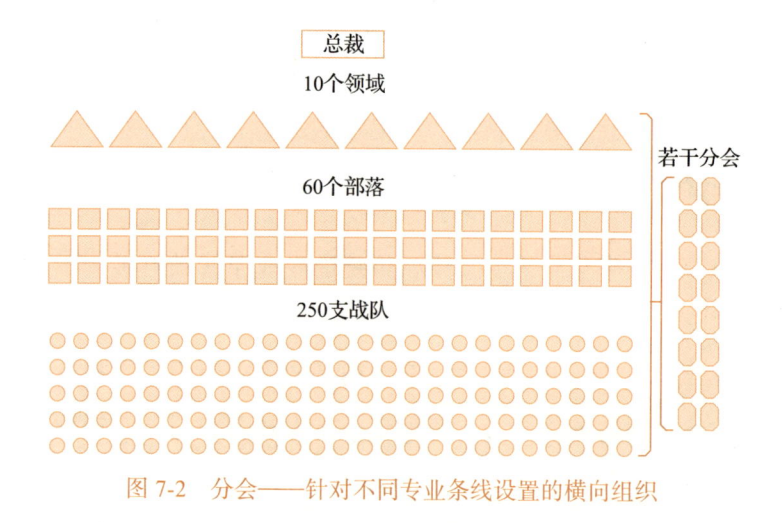

图 7-2　分会——针对不同专业条线设置的横向组织

墨菲解释说："企业的良性发展，需要多种类、多层次的专业能力支撑，比如销售、营销、财务、产品、研发、数字技术，等等。为了让员工有更加清晰的职业发展路径，我们制定了详细的'专业能力矩阵'（skill matrix），就每项能力、每个等级做了描述和界定。

"这样一来，大家就能对照着思考自己现在的能力水平、未来的发展方向以及相应的工作安排。既可以选择加入不同战队，在同一专业内持续深耕，也可以选择加入其他分会，学习不同专业，持续拓展自己；既可以选择成为团队领导，在组织管理与指导他人方面持续提升，也可以选择成为业务专家，在服务客户与业务发展的专业能力方面持续精进。无论选择怎样的职业发展路径，只要能为组织创造价值，都会得到相应的认可与回报。"

为了兑现组织对人才培养的承诺，帮助员工快速成长，富达投资还专门把每周二定为"学习日"，每个人都可以拿出工作时间的20%，自由支配，用于学习成长。在学习的具体内容和形式方面，充分尊重大家的意愿和选择。学习日实行的第一年，富达投资5000多位员工的总学习时长就高达100万个小时。

这样的学习要求不光是对员工，对高管也一视同仁。比如，富达投资前200位管理者，集体参加了麻省理工学院（MIT）的基础算法课程；财富管理领域负责人，从零基础开始学习 Python[一]编程；还有些资深的 IT 前辈，通过学习获得了云计算方面的资格认证。

由此看来，富达投资在人才培养方面的确非常重视且投入巨大。这样做，到底值不值呢？

墨菲说："高度重视员工的学习成长，无疑极大地加速了我们业务创新及组织数字化变革的进程。"

数字化组织必须做好人才招募和文化建设

前面系统阐述了为什么由精英人才组成的"独立项目小组"能极大地提升组织效率，加快业务创新。那么随着数字化组织的快速成长，当业务规模不断扩大时，如何保证组织活力呢？以亚马逊为例，哪怕贝佐斯再高瞻远瞩、英明神武，他也不能仅靠单枪匹马，就实现全新领域的持续拓展和业务体量的指数级增长。支撑亚马逊实现指数级增长的，不是个人，而是强大的集体：是二十多年来陆续加入亚马逊的数万名有志青年不断探索新事物、挑战旧传统、提升自我要求的结果。

如何找到这样的人呢？亚马逊对人才招募极为重视，

[一] Python：诞生于 20 世纪 90 年代初，近年来，已超越 Java、C 语言和 JavaScript 等，成为最受欢迎的主流编程语言。——译者注

希望每位候选人都能按亚马逊的领导力原则要求的那样：坚持最高标准（highest standards），坚持远见卓识（think big），坚持好奇求知（learn and be curious）⊖；每位亚马逊人都能成为实干家（builders），既有创新，又能实干，能把奇思妙想变为现实，真正创造价值。为了确保招聘质量，亚马逊设计了"把关人"（bar raiser）制度，把关人由在识人方面眼光敏锐、有过人之处，且坚信、践行亚马逊企业文化与价值观的人担任。

如果能招到这样一大批人才，让其充分施展能力，发光发热，无疑是组织的财富。安迪·雅西（Andy Jassy）是 AWS 业务的负责人，经历了从零到一，再到全球第一的历程。谈到 AWS 的缘起，他透露说，最初的创意出自 2003 年大家在贝佐斯家的讨论，一群聪明人在鼓励创新的组织氛围中，讨论得热火朝天，激情四射。那天讨论中的灵光一现，经过三年的潜心打磨，才成就了 AWS 的横空出世。

2016 年 7 月，科技媒体 TechCrunch⊖刊登了罗恩·

⊖ 这三条是亚马逊领导力原则中着重强调的。——译者注
⊖ TechCrunch 是美国科技类博客媒体，主要报道新兴互联网公司，评论互联网新产品，发布重大突发新闻。它已成为美国互联网产业的风向标，里面的内容几乎成为 VC 和行业投资者的投资参考。——译者注

米勒（Ron Miller）对雅西的详细采访。雅西回忆到，当时亚马逊高层正在讨论：公司的核心竞争力究竟是什么？"随着讨论的深入，大家逐渐认识到公司在 IT 基础设施方面做得不错，比如计算、存储及数据库等，更重要的是，为了支持业务规模的指数级增长，锤炼出了一项硬功夫：兼具高可靠性、高可扩展性及高性价比的数据中心运营管理能力。虽然当时谁也没能清晰描述出云服务现在的样子，但大家隐约触摸到了 AWS 的雏形，强烈感觉到了一个全新业务机会的浮现：既然有这个能力，为什么不对外服务呢？以今天的认知回想当年，似乎一目了然、一切理应如此；但回到当年，真的是谁也未曾想到今天。"

亚马逊所具有的组织活力及创造力，自然令人向往。要想激活组织，一定要舍得在人才招募和文化建设上花时间。人才招募决定了人，解决了谁来干（who）的问题，比如富达投资对团队领导的审慎选拔；文化建设决定了方式，解决了怎么干（how）的问题，比如富达投资对人才培养的高度重视，更好地让人发挥能力、提升潜力，让工作更有意义，继而激发整个组织的活力。

所有数字化龙头企业都极其重视人才招募。早在比尔·盖茨和史蒂夫·乔布斯创业之初，他们就把招人视为重中之重。他们招人，不光看当下的岗位需要，更要看候选人未来的发展潜力，是否热爱学习，能否快速成长，将来是否可堪大任。

谷歌的招人标准是由联合创始人谢尔盖·布林和前董事长兼 CEO 埃里克·施密特亲自制定的；为了确保严格执行，还专门设计了相应的工作流程，有一个"最终审核"角色，在很长一段时间里，这个角色都是由谷歌另一位联合创始人拉里·佩奇亲自担任。

谷歌高管也在人才招募方面投入了大量的时间和精力。2016 年，我就听谷歌前首席人力资源官拉兹洛·博克（Laszlo Bock）说："谷歌高管平均每周要花半天到两天的时间在招人上。除了面试，他们还要以多种形式与优秀候选人保持联系，逐步加深相互的了解，增进相互的信任，有时候这个过程需要持续好几年，才能最终将其打动，使其成功加入公司。

"我们最想招的，是那些从经验到特质都远远超出某个特定岗位要求的优秀人才；我们最警惕的，是那些恃才傲物、缺乏团队精神、难以合作的人。我们希望看到自驱力和利他心，在难题出现时，能挺身而出，做到攻坚克难；在问题解决后，能淡然而退，绝不贪恋权力。这样的'救火队长'，是我们最看重的。"

能招到这样的人，无疑是幸运的。1999年，贝佐斯从联合信号公司[⊖]（Allied Signal）挖来了杰夫·维尔克（Jeff Wilke）。维尔克为刚刚创立四年的亚马逊带来了老东家的看家本领——卓越执行的理念和方法论。要知道，维尔克在老东家的领导正是拉里·博西迪——时任联合信号公司董事长兼首席执行官，后者与我合著了《执行》一书。维尔克自己也是亚马逊领导力原则的坚定践行者。他痴迷于客户，极具主人翁精神，兼具远见卓识和刨根问底的优秀品质，细致深入地通过指标驱动，不懈地追求达到最高标准。维尔克一手构建了亚马逊物流履约体系，后来成长为亚马逊全球消费业务首席执行官。在他个人快速学习成长的同时，他所负责的亚马逊各项业务也取得了量级的成长与迭代。

数字化企业对员工期望很高：能提出创意，解决问题；能做好团队协同，终身学习。比如，奈飞对人才的要求就很典型，特别强调"要提出创意，并证明有用""要追求卓越，并激发他人""要快速学习，并渴望学习""要选择最佳创意，而不默认自己的就是最好的"，等等。这与很多世界500强公司的要求差异显著。这样明确的要求，不仅能指导人才的招募选拔，而且能通过不断重复，

⊖ 该公司1999年与霍尼韦尔合并。——译者注

塑造组织氛围、强化文化。

什么是文化？简而言之，就是共同行为背后传递的价值观。由此可见，真正的文化就在日常的践行中。组织里有什么样的人，究竟在怎么做，必然会影响他人，而且职位越高，影响越大。这就是为什么在推动数字化组织变革的过程中，富达投资的高管团队会在团队领导的选拔任用上花那么多时间精力。

文化一旦建立起来，就会吸引志同道合的人加入，共同的价值观及行为模式就会得到进一步强化，就会在企业中生根发芽，持续传承。比如，注重学习成长、为组织做贡献的人，就能在上述数字化龙头企业中持续发展；那些醉心于争权夺利、只想收获而不谈贡献的人，就会越来越没有生存空间，不得不黯然离开。

同步研讨：激发组织创造力的秘密武器

一谈到组织，大家就会感到非常复杂，涉及方方面面，比如组织架构、组织层级、独立项目小组、信息实时透明、促进员工成长，等等。面对如此种种，如何激发组织创造力呢？"同步研讨"（simultaneous dialogue）就是强有力的秘密武器。

假如你是领导，手下有一支好奇心、自驱力、目标感俱佳的精英团队，你要如何保护他们不受官僚主义、公司政治的侵害，如何激发他们的凝聚力、战斗力？

第一，信息基础。要让大家同时知晓相关信息，并尽可能保证信息的真实性、准确性，没有人为的歪曲，不受个人偏见的影响。这样，这支团队就有了同步一致的信息基础。

第二，共同目标。要让大家在同步一致的信息基础上，充分讨论，各抒己见，集思广益，让最好的想法、备选的方案充分涌现。通过这样的同步对话，大家能逐步从发散到收敛，逐渐聚焦于共同目标。

第三，认知迭代。要让大家在工作推进的过程中，持续分享各自的观察与补充的信息，通过集体研讨、交换意见、相互激发，让新的想法与洞察持续涌现，不断迭代团队认知，不断夯实集体共识。

坚持同步研讨，能极大地激发团队创造力，极大地提升创新创造和攻坚克难的速度。这样的功效在大组织中尤为显著。因为组织越大，分工就越细，某个团队的产出很可能是另一个团队的输入，有效激发团队创造力，就能在各个团队间产生合力，相互叠加，不断增强。

同步研讨是创业公司的活力之源,是数字化组织竞争优势的有力支撑。这样的沟通协同模式,能同时为客户、业务、员工创造价值,传统企业务必高度重视。

富达投资的数字化组织变革之路,或许能让你——有意在数字时代有所作为的领导者——深受鼓舞。对此要充满自信,相信自己可以做到。无论你想自己创业还是有幸已经身处数字化企业,或是正想推动所在的传统企业进行数字化组织变革,你都要清楚地认识到:作为企业领导者,你自己的领导风格、你选择的组织形式、你对人才招募及文化建设的重视程度,都将成为企业未来竞争力的决定因素。

第八章

法则 6　自我更新

一把手本人必须持续学习，敢想敢干，引领突破与变革

要想推动数字化转型，但一把手只想着重塑业务、变革组织、改造他人，而不想自我更新，是十分危险的。

企业兴衰，身为领导，一把手责无旁贷。无论是公司的创立、初期的发展，还是后期的衰落，抑或是有幸重获生机，关键都在人，尤其是一把手的所作所为。

比如传统零售巨头沃尔玛，早在 2001 年就喊着要数字化，但直到 2014 年董明伦担任 CEO 之后，才逐步走上正轨。再比如微软，在 2014 年萨提亚·纳德拉出任 CEO 之前，也在困局中挣扎了十几年。几乎就在传统巨

头停滞不前的同时，拉里·佩奇与谢尔盖·布林创办的谷歌，马克·扎克伯格创办的脸书，则开辟出了广阔的新天地。历史一次次地提醒我们一把手对于企业命运的关键作用。

数字时代，挑战无处不在。外部环境的突变、各路对手的突袭，都让人应接不暇。究竟谁能率队胜出呢？并非只有年轻人，并非必须科学家。物竞天择，适者生存，数字时代的卓越领导者必须能带领组织，更好地适应当今时代。

深刻理解当今时代对一把手的更高要求，是传统企业掌门人的必修课。过去的辉煌，不能确保未来的成功，甚至能否确保生存都是个问题。这样的自我审视的确有些残酷，但现实就是如此。如果自知无法胜任未来，就必须早做决断。

比如，全球传媒大亨默多克就毅然决定将新闻集团分拆，将旗下的 21 世纪福克斯卖给了迪士尼；再比如，澳大利亚地产大亨弗兰克·洛伊更是决绝，把亲手创立的西田集团几乎全部出手。时代变了，要求变了，既已力不从心，不如早做安排。相信以后我们会看到更多这样的案例。

命运并非天注定，数字时代也并非只属于年轻人。挑战自然很大，但只要能自我更新、适应时代，年龄不是障碍。让我们来看看迪士尼的成长历程。

罗伯特·艾格：迪士尼数字化变革的总设计师

2005年，罗伯特·艾格[一]（Robert Iger）开始执掌迪士尼帅印。迪士尼是全球知名企业，几乎象征美国文化，但当时它正处于低谷期，尤其是其电影业务，曾经火爆全球的动画长片显得后继乏力。

艾格此前的经验主要在电视传媒领域，但他通过十年的努力，成功地将迪士尼带上新巅峰。在动画长片方面，他一直非常看好皮克斯[二]。该公司于1986年被乔布斯收购，拥有极强的创新能力与技术优势，曾推出过像《玩具总动员》和《海底总动员》这样的爆款大片。艾格希

[一] 罗伯特·艾格也以鲍勃·艾格（Bob Iger）的名字为人熟知。——译者注

[二] 皮克斯，全称皮克斯动画工作室（Pixar Animation Studio），是一家专门制作电脑动画的公司。前身是卢卡斯影业的电脑动画部，1986年被乔布斯收购。1991年开始与迪士尼合作，1995年合作出品的《玩具总动员》大获成功，从此合作越来越深入，直至2006年被迪士尼收购。——译者注

望通过收购皮克斯，重振迪士尼的动画业务。他本着双赢的初心，锲而不舍，最终说服了乔布斯，并于2006年将皮克斯招致麾下。

为了进一步夯实迪士尼的内容版图，艾格又主导了2009年对漫威娱乐（Marvel Entertainment）、2012年对卢卡斯影业㊀的收购，将一大批漫画英雄及整个星球大战王国收于囊中。

这番操作带来的成效显著。2016年正值上海迪士尼乐园开幕，迪士尼一口气推出了4部院线电影，部部火爆，每部票房均破10亿美元大关，创下历史新高。回望这十年，艾格在电影票房和公司盈利上实现大丰收，业绩辉煌。

然而，艾格从不满足。相比自己的过去，相比传统的对手，的确业绩辉煌，但放眼更广阔的市场，可以看到悄然完成数字化转型的奈飞，已把流媒体做得风生水起。奈飞的迅速崛起，与迪士尼的按兵不动，形成了鲜明的对比。迪士尼该何时出手，又该如何应对全新挑战呢？

㊀ 卢卡斯影业（Lucasfilm）是由导演乔治·卢卡斯于1971年在美国旧金山建立的电影公司，最著名的作品为星球大战系列影片。——译者注

艾格的确关注了很久，也思考了很久。2017年，他启动了迪士尼的数字化变革，大举进军流媒体。

他首先瞄上了BAMTech，一家总部位于纽约曼哈顿的流媒体创业公司。该公司最初主营棒球比赛直播，后来又为Hulu（视频网站）、HBO Now（电视媒体）以及其他平台提供流媒体技术服务。在其初创期，迪士尼只是个小股东；2017年，迪士尼果断斥资15亿美元，将股权比例提升至75%，成为控股股东。BAMTech的加盟极大地加快了迪士尼的数字化进程——2018年上线了旗下电视体育频道的在线服务"ESPN+"，2019年上线了"迪士尼+"。相比自己从零摸索，借力于行家里手，的确是快得多。

15亿美元控股BAMTech，只是迪士尼数字化的第一步。

之后不久，默多克找到艾格，谈及有意分拆其业务并出售21世纪福克斯（下文简称"福克斯"）。由于数额巨大，艾格与迪士尼战略负责人凯文·梅耶尔（Kevin Mayer）对此动议进行了深入探讨：收购福克斯有什么意义？究竟哪些业务对迪士尼有价值？如果有价值，究竟是什么价值，是丰富产品线，还是快速扩规模？经过细致拆解，他们认为，福克斯的制片能力以及在印度市场的良好发展，对迪士尼的全球扩张非常有利，而且鉴于迪士尼和福克斯是 Hulu 的主要股东，收购后迪士尼控股 Hulu，相当于旗下有了第三个流媒体平台，可以用于发行不适合"迪士尼＋"合家欢基调的视频内容。收购福克斯的谈判，前前后后持续了两年。2019 年，迪士尼出资 713 亿美元，终于将其拿下。

除此之外，艾格还在获取线上用户和优质内容方面投入巨资，三年间高达数十亿美元。同时，迪士尼还逐步收回了对其他流媒体网站的内容授权，聚焦发力"迪士尼＋"，推出了低至每月 6.99 美元的订阅价格，极具竞争力，非常吸引普通家庭。

上述重大数字化转型举措对财务业绩影响巨大：短期净利润及现金流都会受到影响，而且盈利模式也会发生根本变化。但在转型期，艾格最关注的已不再是净利润，而是用户数。

艾格之所以能坚定不移地推动数字化转型，还因为投资人与员工的大力支持。伴随业务模式的调整，组织架构也相应改变。迪士尼成立了新的内容部门，专注于服务线上用户；组建了新的业务部门，分别专注于"线上用户及国际业务""迪士尼乐园、线下体验及消费商品"等业务。为了让各方支持转型，重塑公司，艾格走遍全球，与客户、员工及投资人分享研讨，征求意见，还设法在董事会层面通过了新的激励计划。

如此看来，艾格算是合格的"数字化领导者"(digital leader)吗？从他的背景经历看，他不一定能带领迪士尼坚定地进行数字化转型，在数字时代重构竞争优势。因为通常来说，从长期占据行业主导地位的传统巨头走出的领导者，敢于直面挑战、重塑自我的真不多。从这个意义上看，已年过七旬的艾格真是与众不同，他似乎已经全面拥抱了以下数字时代的新法则。

- 聚焦客户：通过优质内容、人气IP及全新方式，持续满足客户的娱乐需求
- 数字平台：构建数字平台，研究客户个性化需求，创造极致个性化体验
- 盈利模式：定价极具竞争力，通过扩大规模，实现可持续盈利
- 组织变革：配合战略定位及盈利模式的调整，重构组织
- 生态伙伴：借助对方力量，快速获取用户，比如与美国移动通信巨头威瑞森（Verizon）合作，为其手机用户提供"迪士尼+"服务

作为迪士尼的掌门人，面对自己第一个十年的辉煌业绩，艾格没有就此满足。面对数字时代的更大挑战，

他思想开放，持续学习，勇于挑战大目标；面对风险和阻力，他没有退缩，反而更加坚定。在我看来，他具备数字时代卓越领导者的理念、能力和勇气。

要想赢在数字时代，每家企业都要认真审视自己是否具备所需的领导人才。没有人生来如此，关键在于能否持续成长。比如艾格，从2005年被董事会任命为CEO，到2020年2月25日宣布退休，15年来成长巨大。再比如，前文法则2中提到的巴西B2W公司CEO安娜·赛卡利，法则5中提到的富达投资总裁凯茜·墨菲，都是从传统企业中成长起来的极为优秀的"数字化领导者"。

数字化领导者有什么特点

相比过去的领导者，数字化领导者的不同之处体现在他们的认知、能力与心智模式上，尤其是他们既能构想宏大格局，又能狠抓务实落地，还能在盈利模式、发展速度与财务安全之间找到恰当的平衡。

那么具体而言，数字化领导者有什么特点呢？下面的描述能给你带来直接的感受。

他们既有想象力又是实干家，不但能发现十倍、百倍的增量机会，还能克服万难，创造当下还不存在的全新市场。他们痴迷于客户，能在深度研究客户的基础上，为其设计端到端的全新体验，从而进一步拓展市场空间。他们能超越自身，从生态系统的角度出发，构建互利共赢的可持续盈利模式。面对初期的巨大投入和盈利压力，他们能顶住资本质疑和短期诱惑，坚定着眼长远，以终为始，持续做大规模，做强生态，创造增量价值。

他们坚持实事求是，在数据分析的基础上提升认知、洞察趋势、把握战机，并在数据与直觉的加持下，持续迭代，动态调整。这样的底层支撑，给了他们大胆向前的底气和勇气。

他们思维活跃，思想开放，不但不会固执己见，反而主动寻求不同观点。在有些人看来，他们似乎总是变来变去，其实这是他们在不断否定自己，不断迭代升级。他们的第一出发点，往往不是颠覆别人，而是创新创造。对他们而言，战略思考不是一年一次的，而是每时每刻的。如果贵司还在以一年一度的节奏做战略规划，不妨反思片刻。

他们好奇心强，求知欲强，渴望探索未知，持续创新创造。他们敢想敢干，追求速度，充满紧迫感，不断试验、不断调整是他们的日常状态。他们能敏锐洞察客户，发现尚未被满足的需求，并能迅速填补空白，并将之转化为新的收入来源。他们不怕承认错误，不惧颠覆自己，当传统企业还在字斟句酌的时候，他们已经敢于在还没万事俱备的情况下，大胆出击。只要能为客户创造价值，他们就敢于尝试。他们有着独特的心智模式，对他们来说，探索、试验、学习、调整、必要时及时止损，就是家常便饭，没什么大不了的。

他们洞察力超群，能在冷冰冰的数据中看到隐藏的逻辑与真相，发现还未显现的市场机会。

他们善于利用数据算法，但不会盲目依赖。他们深知借助人工智能及数据算法能解决很多常规性的复杂经营问题，能强有力地提升透明度及执行力；但在事关重大的业务决策方面，光看数据是不够的，还要有自己的思考与判断。

他们面对来势凶猛的突发变化、纷繁复杂的各路信息，不会自乱阵脚，而会通过最小可行产品等灵活方式，快速验证，敏捷迭代，不断动态调整，做好长短期平衡。

他们持续学习新知，尤其是在自己的短板领域。这样的学习让他们能够更快吸收、更快行动、更愿拥抱变化，不断刷新自己。

他们高度重视执行，会通过量化指标及晒数据，确保团队按时交付预期产品。

他们善于识人用人，能把合适的人放到合适的岗位上。一旦发现问题，也会快速调整。

他们会认真思考组织架构及运作机制，尤其是在决策授权方面，他们会确保尽可能授权一线，让离客户最近的人快速做出正确的决定；会通过数据指标体系及激励机制，明确责任，加强执行，做到放权但不放任。

自古以来，勇气就是领导力的标配。但数字时代要求的"勇气"（尤其是对那些传统企业出身、志在推动数字化转型的领导者而言），特别强调面对未知、不确定性和风险时的果敢与胆识。这绝不是匹夫之勇，而是基于持续吸收新知识、持续深度思考形成的独特认识。

"勇气"这一点在艾格身上体现得淋漓尽致。流媒体市场竞争激烈，要想后来居上，就必须付出更大的努力。无论是迪士尼自身的战略定位调整、数字化平台搭建及运营，还是吸引线上用户、持续创造积累优质内容，或是大手笔收购，方方面面都要投资。这无疑会对业绩产生巨大冲击，难免遭受媒体、投资人及部分股东的质疑。搞不好，艾格作为迪士尼掌门人前十年的辉煌战绩会瞬间归零，一世英名都有可能毁于一旦。在困难风险、个人得失面前，艾格没有退缩，他毅然带领迪士尼走上了数字化转型之路。

数字化领导者会经受什么考验

数字时代，日新月异，对领导者的要求也与日俱增。畏首畏尾，必败无疑，但如果没有必要的能力加持，一味大干快上，只是盲目蛮干，也必败无疑。

资金管理不力，识人用人不行，无疑是致命缺陷。除此之外，面对当今时代的各种变化，能否带领企业穿越各种不确定性，也是数字化领导者必将面临的关键考验。比如，从趋势上，大家都知道自动驾驶必将变为现实，但没人知道真正的技术突破会发生在何时何地，技术突破之后多快能够普及，以及谁将成为新时代的王者。各种不确定性宛如重重迷雾裹挟而来，优秀的领导者必须沉着掌舵，带领企业创造未来。

自动驾驶，不仅对数据积累及处理能力要求很高，而且开发测试过程中风险很大。一旦发生事故，被媒体曝光，就会引发社会焦虑，不但会影响未来消费者的接受度，也会直接影响企业声誉。面对这样的风险，有的选择锐意进取，坚定向前；有的则相对谨慎，驻足观望。

自动驾驶还需要强大生态加持。造车新势力都在积极布局，合纵连横，因为它们深知未来的竞争不再是单打独斗，而是生态对垒；必须看得更远，想得更大，快速构建合作共生、动态演进的行业生态。

虽然未来全球出行市场的体量尚未可知，但全球购车人数的减少确是可以感知到的。要想成为新时代全球出行市场的新王者，必须找到新的盈利模式。这对传统车企来说极具挑战性。可以看到，福特在自动驾驶方面也拉开了架势，同时在三个城市启动了自动驾驶测试，这相比其他车企聚焦一个城市的惯常做法，显得冲劲十足。然而，福特盈利状况并不乐观，资金已相当吃紧，对自动驾驶的大举投入究竟能持续多久，CEO能否抗住各方压力而赢得投资人、董事会及员工的支持，是否真心愿意敞开胸怀与其他车企合作……这些都是一把手必须面对的重大问题。每个关键决策，都将影响深远。

这样的严峻考验，已成为汽车行业的新常态。车企一把手不好干，想想奔驰、宝马及福特这几年管理层的频繁更迭，就会深有感触。

回看迪士尼，2020年2月24日，鲍勃·查佩克[一]（Bob Chapek）接替艾格，成为迪士尼新掌门。艾格开启的数字化变革将由查佩克接手推进。2019年底，"迪士尼+"平台推出之初，大量用户的订阅支撑了股价，但这些用户的黏性如何，投资人是否能接受数字化投入对短期盈利的巨大冲击，还都是未知数。2018年，迪士尼对2020年的盈利预期是每股净利8.2美元；到2019年，该预期已变为低于6美元[二]。

再看奈飞，在新的竞争态势下，能否持续获得外部资金支持也成为悬在掌门人哈斯廷斯头顶的达摩克利斯之剑。随着各路强敌杀入流媒体市场，用户争夺战日益升温，奈飞能否保持优势，其模式能否继续奏效，也都是未知数。过去几年，奈飞的持续涨价并未导致显著的用户流失；如今应对激烈竞争采取的降价之策能否赢得投资人的支持呢？2020年一季度，奈飞新增用户1580

[一] 鲍勃·查佩克原为迪士尼旗下乐园、体验和产品部负责人。不过在他接替艾格的消息宣布后不久，随着新冠疫情的发展，迪士尼遭遇了经营危机，艾格重新出山，担任执行董事长，帮助公司力挽狂澜。——译者注

[二] 根据公司年报，迪士尼在2020年出现亏损，每股净亏损1.57美元。——译者注

万名，在放缓内容投入的背景下，六年来首次实现现金流转正。2020年4月，奈飞宣布将发行募集总价值为10亿美元的欧元及美元低息债券。究竟鹿死谁手，还需拭目以待。

数字化领导者该如何培养

数字时代对领导者的要求更高。

有些通过传统路径成长起来的领导者，容易受制于原有的思维模式，习惯于通过涨价[1]、并购等传统手段，推动渐进式增长；对指数级增长缺乏感觉，对创造全新市场的巨大机会缺乏前瞻性的洞见及探索突破的勇气；对数字技术及其他相关知识还有待学习，对风险的承受力也相对较弱。

回溯传统领导者的成长路径，他们对未来科技创新缺乏想象力，对推动指数级增长缺乏热情，是很容易理解的。在传统企业，晋升大多在单一条线中垂直发生，如运营、营销、财务条线的基层员工，往往需要经过至少六个层级才能升到高管。这样的职业发展路径导致他

---

[1] 宝洁公司的定价方式、迪士尼主题乐园门票的持续提价，都是传统企业通过涨价推动业务增长的实例。

们缺乏直接接触用户的机会，没有见证过数字平台巨大的威力，没有与生态伙伴共生共赢的经验，很难培养全局视角。即便是业务一把手，也缺乏投融资经验、必要的现金流管理及资源配置能力，因此想要靠他们构想适合数字时代的全新模式，的确挑战重重。

而且在传统企业的管理体制中，即便是新提拔的领导者，也必须遵循既有的丛林法则，争夺资源、经营人脉，按照业绩指标要求交付成果。常见的业绩指标，即便与客户满意度强相关——比如净推荐值[⊖]（NPS），也主要是回溯过去，很少有发挥想象力、创造未来的机会。

有些企业领导者来自咨询公司，非常擅长行业分析、综合对比内外部信息和全面分析企业经营情况。其中，有些人失败是因为缺乏搭建高管团队和管理大型组织的能力；有些人则是性格使然，自恃专业、聪明，看不起别人，听不进意见，无法凝聚团队、带动组织。

因此，传统企业高层可能会出现一波更新换代。有些思维惯性强、路径依赖度高的一把手及高管，难以快

[⊖] 净推荐值（Net Promoter Score，NPS），是计量某个客户将会向其他人推荐某个企业或服务可能性的指数，它是最流行的顾客忠诚度分析指标。净推荐值＝（推荐者数／总样本数）×100%－（贬损者数／总样本数）×100%。——译者注

速完成理念转变与能力升级，无法担纲带领企业完成数字化转型的重任。如果是这样，就要考虑从外部引进人才，比如亚马逊，已成为数字化领导人才的黄埔军校。

与此同时，传统企业不应忽略组织内部的精兵强将。不少传统企业（比如前面提到的迪士尼、富达投资以及B2W公司）数字化转型背后的灵魂人物，就是内部培养的高潜领导人才。

这些高潜领导人才通常对算法有基本了解，以客户为中心，擅长业务经营，而且敢想敢干，既有丰富的想象力又有强大的执行力，还能做出正确的判断与决策。

持续学习、主动变革，永远不晚。有些传统企业的核心高管正在如饥似渴地学习新知识，理解并分析数据、算法及平台的巨大威力。其中有些已完成了自我刷新，拓展了视野，激活了想象。原来他们不相信还有十倍、百倍的市场机会，但现在他们坚信放眼未来，以七年或更长的时间倒推回来，通过创造全新的客户体验，完全有可能实现指数级增长。这些实干派已经开始试验并考查市场空间。他们深知，数字时代竞争永不落幕，只有接受变革过程中不可避免的各种失败，以更快的速度迭代向前，才能赢得先机。

千禧一代的年轻人也让人充满期待。他们是数字时代的原住民，不少人熟悉编程，了解并参与过 app 及平台开发。但他们也有短板，尤其是人际交往能力相对较弱。有些人习惯理性思维，对事非黑即白，对人缺乏同理心，不擅长与人打交道。有这种待人接物风格的人，在提倡团队作战的数字化组织中，很难真正融入，更不要说带队伍、打胜仗了。好在，这些能力是可以通过教练辅导来改善和提升的。相比之下，与其让缺乏数字时代必备的理念、能力及心智模式的传统领导者长期占据高位，还不如给这些年轻人机会，在用人所长的同时，帮助他们持续成长，逐渐夯实他们在团队及组织管理方面的能力和经验。

传统企业正面临着数字化转型的压力，数字化头部企业也并非高枕无忧。能成为头部企业，已然是凤毛麟角，全球也就二十来家。它们通常在创业初期，把握住了时代的机会，开拓出了全新的市场，并在竞争尚未白热化时，就牢牢占据了王者地位。然而成绩只能说明过去，未来依然充满挑战。是继续探索开拓，还是屈从于来自资本市场的短期盈利压力？积累多年的客户基础和品牌地位、打磨多年的业务模式和平台生态，在群雄环伺和创新频出的背景之下还能持续多久，会不会被突然颠覆？政府监管是否会对数字巨头,加强有形之手的引导?

无论是传统企业还是数字化组织,这个时代都对它们的领导者提出了更高的要求。我相信,更高的要求、更大的挑战,会催生出一代更强的领导者。俗话说,英雄不问出处,各路都有豪杰。我们要明确选人标准,为其扫清障碍,促其更快成长。在选人用人时,切忌因循守旧、求全责备。要时刻提醒自己,当今时代对领导人才的要求已有别以往,不能用老眼光看人。

选对人,用好人,加速培养人,事关重大。做好了,便是数字时代企业的关键竞争优势。

第九章

学以致用

升级业务,变革组织,
重构竞争优势

读到这里,你已洞悉决胜数字时代的六大法则。怎样才能学以致用呢?

绝大多数经历风雨、坚持至今的企业,都有其过人之处。现在要做的不是全盘否定既往,而是从中选取能够制胜未来的竞争优势,帮其插上数字技术的翅膀,充分激发潜力,帮助企业走上十倍增长之路。这样的例子,我见过不少。如果能找到与时代的契合点、实现增长的破局点以及业务升级的清晰路径,组织就能迸发出巨大的能量,持续奔跑向前。

在落地实践、推动变革的过程中,要注意这六条法则是一个整体，不仅要考虑企业自身发展，而且要兼顾生态系统搭建，不仅要考虑业务经营，而且要兼顾组织人才。切忌顾此失彼，孤注一掷。"一招鲜，吃遍天"的时代已经过去了；要想重构竞争优势，赢在数字时代，还得靠组合拳。多项优势彼此叠加，相互促进，才能形成有效的增强回路。

过去几年，传统企业明显加快了数字化转型的步伐。在我刚开始构思这本书时，真正完成了自我更新的传统企业还比较少，然而时至今日，越来越多的传统企业已行动起来，除了直面广大消费者的To C企业，连更为传统的To B企业也投身其中。比如霍尼韦尔，通过整合数字技术和自身优势，通过构建行业生态，为伙伴赋能放大优势，它已成功转型为生命科学领域的平台型企业。虽然它没有创造全新市场，但它极大地拓展了市场空间，加速了业务增长。

再比如前文提到的安波福，从德尔福分拆出来后，在执行董事长拉杰·古普塔（Raj Gupta）和首席执行官凯文·克拉克（Kevin Clark）的带领下，正在从江河日下的传统汽车零配件供应商转型为出行领域的领先企业。他们旨在打造更加安全、绿色、互联的未来出行方式，通过整合数据、软件、计算平台和网络体系，为自动驾驶提供整体解决方案。

再看传统零售巨头沃尔玛，经过犹豫迟疑，终于也开始了大刀阔斧的数字化转型。其中的关键在于，如何把曾经被视为"沉重负担"的3571家大型实体店，转化为提升客户体验的竞争优势。

2019年9月，在美国佐治亚州亚特兰大，沃尔玛在其门店开了第一家诊所。这是沃尔玛丰富线下业态的首秀，旨在为周边居民提供便捷廉价的基本医疗保健服务，比如血液检查、X射线检查及眼科检查等。要知道，沃尔玛门店在美国的覆盖率极高，全美90%人口都居住在沃尔玛10英里（约16公里）半径生活圈内，在逛店购物、到店提货之余，顺便解决身体小恙的不时之需，可谓顺理成章。此举将对医疗行业产生重大影响。沃尔玛的野心，远不止于此。基础医疗保健只是第一步，之后它还会进军牙科、美容、兽医以及金融服务。这些业态的拓展，不但无须扩大店面，反而还能创造新的收入来源，这必将显著提升坪效。

除了业态拓展，沃尔玛还将充分利用其实体店的数字基础设施，在提升自身人工智能、机器学习、智能机器人及其他技术应用的同时，将多余算力出售给其他企业。沃尔玛首席执行官董明伦认为，换个角度看，门店就是坐落在客户身边、离客户最近的数据中心，在支持内部经营的同时，完全可以对外赋能，全方位地服务客户，比如满足门店周边自动驾驶车辆对高速数据处理能力的需要。

与此同时，沃尔玛还在持续提升自己的电商业务，包括积极探索第三方平台。沃尔玛近期收购了两家电商创业公司——Bonobos⊖和ModCloth⊜。入驻沃尔玛平台的第三方卖家，可以享受沃尔玛物流配送的履约能力，而且相比亚马逊，它们对沃尔玛在利益冲突方面的担忧也会小一些。目前，已有约 7500 家品牌商入驻，这不仅可以提升沃尔玛在电商业务方面的竞争力，带来更多的收入、更高的毛利，而且能在不侵犯客户隐私的情况下，持续收集数据，反哺诸如广告等业务的发展。

除了业务升级，沃尔玛也在组织变革方面持续发力。

一是人才引进。2016 年对电商 Jet.com 的收购，为

⊖ Bonobos 成立于 2007 年，是美国的服装直营品牌，专注于提供精准化和高端化的客户服务，总部位于美国纽约。2017 年 6 月 16 日，被沃尔玛以 3.1 亿美元收购。——译者注

⊜ ModCloth 是美国知名女装电商网站，2017 年 3 月被沃尔玛收购，具体金额未披露。然而两年之后，沃尔玛在 2019 年 10 月又将其出售，有评论认为，这代表沃尔玛对电商业务的战略调整。——译者注

沃尔玛引入了大批优秀的技术人才及全新的思维方式。2019年5月,沃尔玛聘请了曾在微软、谷歌和亚马逊工作过的苏雷什·库马尔(Suresh Kumar)来担任首席技术官(CTO)和首席开发官(CDO)。同年9月,约翰·弗纳(John Furner)被任命为沃尔玛美国的总裁兼首席执行官。谈到这次任命,董明伦称赞其"正在拥抱新的工作和思维方式",并能"以数字化的方式,进行思考"。

二是组织重塑。沃尔玛把对数字技术的应用、对客户体验的关注,融入了各项日常工作。为了帮助全体员工改变思维、提升能力,沃尔玛在全球成立了200个培训中心,既有硬技能的训练,也有软实力的培养(比如教练辅导能力)。除了帮助员工提升能力,董明伦还升级了公司使命。当初,沃尔玛创始人山姆·沃尔顿讲的是"天天低价""帮客户节省每一分钱",董明伦在此基础上做了升级,特别强调沃尔玛不仅为客户创造实惠,而且能为客户带来便捷和快乐。

尤其难能可贵的是董明伦的自我革新。回看其职业生涯,基本都献给了沃尔玛,而且主要都集中在销售领域。光看履历,很容易让人觉得这是位很难与时俱进的传统领导者,然而事实恰恰相反。他在带领沃尔玛大举升级业务,大胆变革组织,大力重塑竞争优势。别人眼里的沉重包袱——几千家线下门店，正在他的领导下，通过数字技术与物理空间的结合，变成客户需要且想要的目的地，成为沃尔玛赢在数字时代强有力的竞争利器。2019 年 12 月，在回答巴克莱资本（Barclays Capital）分析师凯伦·肖特（Karen Short）提问时，董明伦说："如果客户不需要实体店，我们就不会开。"话音未落，沃尔玛首席财务官（CFO）布雷特·比格斯（Brett Biggs）补充道："我们的战略要跟着客户走。"

对于数字化转型，董明伦及高管团队无疑都目标明确、意志坚定，但现实的业绩要求和资源状况又会带来巨大的压力，因此必须把握好节奏。即便未来 10 倍、20 倍的增长空间清晰可见，也仍要回答达成路径是什么及资源投入从哪里来的问题。收购 Jet.com 和印度电商平台 Flipkart，不仅出资金额巨大，而且短期内要承受亏损。正如 CFO 布雷特·比格斯所言："如何算好账、用好钱，是管理层的职责所在。"好在前几年在美国门店大力推动的降本增效工作已开始逐步释放效益。

推动数字化转型的头绪众多。深入专项时，容易忽略全局以及各项举措间的内在联系。董明伦对此非常重视，要求大家聚焦客户，从服务客户的角度出发，从全局着眼，思考各项举措及相应投入的轻重缓急。

通过全方位的数字化转型，沃尔玛在董明伦的带领下似乎已找到了制胜未来的全新竞争优势。在与亚马逊的激烈竞争中，也许沃尔玛能率先实现市场拓展。相比亚马逊要在线下赶超沃尔玛的门店覆盖率，沃尔玛用数字技术改造其现有门店的速度更快，而且在资金投入方面也是家底雄厚。除此之外，相比亚马逊"数据驱动"的严苛管理，沃尔玛在组织文化和人情味儿方面还能略占上风。厚积薄发，沃尔玛能否重振雄风，我们拭目以待。

求新求变是人的天性。放眼未来，新的竞争优势必将涌现，并改变现有的竞争格局。从人类福祉的角度来说，这样的竞争能大力推动社会进步，大幅提升人们的生活水平。

身处数字时代，每个人都可以成为这场伟大变革的一分子——你也可以！